U. Steier

Zu diesem Buch

«Nein, ich bilde mir auf meine Arbeit nichts ein. Außerdem dämpft das Alter jede Versuchung dazu. Als vor vielen Jahrzehnten mein erstes Buch erschien, konnte ich es kaum erwarten, die eintreffenden Zeitungskritiken zu lesen, während ich sie heute liegenlasse, bis ich meine Briefe gelesen habe.»

Seit dem herausragenden Erfolg von A. S. Neills Buch «Theorie und Praxis der antiautoritären Erziehung» kommen täglich Dutzende von Briefen aus Deutschland und wöchentlich rund hundert Besucher aus aller Welt nach Summerhill. Alle stellen Fragen nach der Schule, nach den Schülern, nach dem Prinzip der Erziehung, nach alltäglichen und speziellen Problemen der kindlichen Entwicklung. Neill hat in diesem neuen Buch einen Katalog der 99 häufigsten und wichtigsten Fragen zusammengestellt, die ihm immer wieder vorgelegt werden, und hat sie eingehend und sehr persönlich beantwortet.

«Viele meiner Ansichten mögen Mumpitz sein, besonders die über Themen wie Ehe, Religion oder Politik. Nur wenn meine Ansichten etwas mit Kindern zu tun haben, verdienen sie Beachtung; was ich über Kinder schreibe, beruht auf Beobachtung.»

Alexander Sutherland Neill wurde am 17. Oktober 1883 in Schottland geboren. Er besuchte die Dorfschule seines Vaters in Kingsmuir. Anschließend arbeitete er als Bürodiener und in einem Textilgeschäft. Sein Universitätsstudium beendete er als M. A. (Master of Arts) und M. Ed. (Master of Education). Neill unterrichtete eine Zeitlang Englisch an staatlichen Schulen, wandte sich jedoch bald ab von der traditionellen Zwangsmethodik. 1921 wurde er Mitbegründer der Internationalen Schule von Dresden-Hellerau. Kurz darauf gründete er seine eigene Schule in England, die als Summerhill School in den letzten Jahren weltbekannt wurde, in Deutschland vor allem durch den sensationellen Erfolg seines Buches «Theorie und Praxis der antiautoritären Erziehung» (rororo sachbuch Nr. 6707–6708).

Alexander Sutherland Neill

Das Prinzip Summerhill: Fragen und Antworten

Argumente, Erfahrungen, Ratschläge

Rowohlt

*Die Originalausgabe erschien in erster Auflage 1967
bei Victor Gollancz Ltd., London, unter dem Titel
«Talking of Summerhill»
Nach der dritten, vom Autor durchgesehenen und bearbeiteten
Auflage aus dem Englischen übertragen von* HERMANN KRAUSS
Umschlagentwurf Jürgen Wulff

DEUTSCHE ERSTAUSGABE

*Veröffentlicht im Rowohlt Taschenbuch Verlag GmbH,
Reinbek bei Hamburg, Mai 1971
© Rowohlt Taschenbuch Verlag GmbH, Reinbek bei Hamburg, 1971
«Talking of Summerhill» © A. S. Neill, 1967
Alle Rechte vorbehalten
Gesamtherstellung Clausen & Bosse, Leck/Schleswig
Composersatz Herbert Kröger, Hamburg
Printed in Germany
ISBN 3 499 16690 9*

Inhalt

I Selbstbestimmung

Wie kann man zwischen Freiheit und Zügellosigkeit („licence") unterscheiden? 9 Sie sprechen so oft von Selbstbestimmung („self-regulation"). Was heißt das eigentlich? Können Sie uns Müttern eine handfeste Anleitung dazu geben? 10 Wie können sich frei erzogene Kinder im späteren Leben zurechtfinden? 12 Warum soll ein Kind nur das tun, wozu es Lust hat? Wie kann es dann das Leben bestehen, das von uns verlangt, unzählige unangenehme Pflichten zu erfüllen? 16 Welche Bedeutung hat Summerhill in einer Welt mit so viel Jugendkriminalität? 18 Warum ist die Schule so unordentlich? Warum haben Sie nicht gute Bilder an den Wänden, um die Kinder anzuregen? 20 Summerhill bietet den Kindern Freiheit, aber ist überhaupt jemand frei? 22

II Sexualität

Wie sieht Summerhill die sexuelle Frage? 23 Meine kleinen Kinder haben angefangen mit ihren Genitalien zu spielen und machen untereinander und mit Nachbarskindern Sexualspiele. Ich habe sie ausgescholten und geschlagen. Wie kann ich ihnen das abgewöhnen? 24 Warum erwecken Sie den Anschein, als seien Sie auf die Tatsache stolz, daß Summerhill nie einen Homosexuellen hervorgebracht hat? Halten Sie Homosexualität für etwas Unrechtes oder Sündhaftes? 25 Mein vierjähriger Junge onaniert viel. Wenn er mit anderen zusammen spielt, nehmen die Mütter ihre Kinder schnell weg. Was kann ich da machen? 26 Meine Tochter ist noch in den Teenagerjahren und möchte ein Sexualleben haben. Soll ich sie mit einem Pessar versehen? 26 Ein zwanzigjähriges Mädchen sagt zu ihrer Mutter: „In meinem Kreis scheint jedes Mädchen mit einem jungen Mann zu schlafen, und die Mädchen ziehen mich auf, weil ich das nicht will. Ich bin bald der Meinung, daß ich mitmachen sollte, damit ich mir nicht als Spielverderber vorkomme." 27 Soll ich meiner Mutter sagen, wo die Babies herkommen? 28 Hat es in Summerhill je einen Fall von Schwangerschaft oder Abtreibung gegeben? 29

III Schüler

Finden Sie, daß amerikanische und englische Kinder verschieden sind? 31 Sind Sie der Auffassung, daß Jungen und Mädchen von Natur aus verschiedene Interessen haben? 33 Sie bekommen wohl viele Besucher? Wie reagieren die Schüler darauf? 34 Gibt es in Summerhill Anregungen für Spiele? 36 In Summerhill ist mir kein freches Kind aufgefallen. Ist das ein Zufall? 37 Ist Ihre Selbstregierung nicht Schwindel? David Holbrook scheint nichts davon zu halten. 38 Verfolgen Sie die Schicksale ihrer ehemaligen Schüler? 40 Ist Phantasie schlecht für ein Kind? 42 Warum fluchen Ihre Schüler? Geht es nicht ohne Fluchen? Zeigen sie damit nicht, daß sie nicht gelernt haben, sich gut auszudrücken? 43 Sie sagen, daß die Schüler Summerhills schöpferische Tätigkeiten anstreben. Wenn nun alle Schulen wie Summerhill wären, wer würde dann Kanäle reinigen, Kohlen abbauen und die anderen schmutzigen Arbeiten machen? 44 Wie reagieren Ihre weißen Schüler auf farbige Kinder? 45 Wie behan-

deln Sie in der Schule Krankheiten? 46 An Summerhill wird immer wieder bemängelt, daß die Kinder nicht genügend Bildungsmöglichkeiten haben, besonders was Bücher betrifft. Warum gibt es keine gute Bibliothek? 47 Wie stellen sich die Schüler zum Fernsehen? 49 Haben die Schüler in Summerhill genügend Spielraum, um ihre Abenteuerlust auszuleben? 50 In meinen Augen ist es unfair, daß ich in Summerhill nicht aufgenommen werde, nur weil ich schon fünfzehn bin. Ich bin ein normales Mädchen und bin sicher, daß ich mich in das System leicht einfügen könnte. 52 Hat Summerhill auch Mißerfolge zu verzeichnen? 54 Gibt es in Summerhill Hausaufgaben? Wenn es keine gibt, wie sollen die Kinder dann Prüfungen bestehen? 56 Betätigen sich frühere Schüler von Summerhill auf dem Gebiet der Politik? 57 Haben Sie in Summerhill ein Drogenproblem, und wenn ja, wie werden Sie damit fertig? 59 Behandeln Sie einen Dieb immer noch so, daß Sie ihn jedesmal, wenn er stiehlt, belohnen? 60 Wie reagieren die ausländischen Kinder, die bei ihrer Ankunft kein Englisch sprechen? 61

IV Eltern

Welche Erfahrungen haben Sie mit adoptierten Kindern gemacht? 63 Man hat gesagt, daß Sie gegen die Eltern seien, daß Sie sogar versuchen, die Schüler gegen ihre Eltern aufzubringen. 64 Wenn meine dreijährige Tochter ungezogen ist, schlage ich sie manchmal. Bin ich dazu berechtigt? 66 Darf ich meiner Tochter gegenüber gelegentlich einmal lügen? 69 Ich habe zwei Kinder, ein Mädchen von fünfzehn und einen Jungen von dreizehn. Ich fühle mich ihnen völlig entfremdet; wir leben in verschiedenen Welten. Gibt es eine Möglichkeit, daß wir uns wieder näherkommen? 70 In einem Ihrer Bücher schreiben Sie, daß ein Kind, das Heimweh hat, gewöhnlich aus einem unglücklichen Elternhaus kommt. Ist das immer noch Ihre Meinung? 71

V Unterricht

Wird in Summerhill nach modernen Methoden unterrichtet? 73 Wird in Summerhill großer Wert auf Fremdsprachen gelegt? 74 Soll man Kinder psychotherapeutisch behandeln? 75 Gibt es in Summerhill Turnstunden? 77 Warum sagen Sie, daß Humor eine notwendige Eigenschaft eines Lehrers ist? 77 Verwenden Sie in Summerhill Intelligenztests? 79 Ist es schwer, in Summerhill zu unterrichten? 80

VI Religion

Ist es recht, daß die Kinder nichts über Gott erfahren? 83 Sie scheinen in Summerhill das Geistige zu vernachlässigen. 84

VII Psychologie

Sind Sie ein Anhänger von Wilhelm Reich? 87 Messen Sie der Aggression die gleiche Bedeutung bei wie die Freudianer? 88 In Ihren Schriften scheinen Sie keine psychologischen Fachausdrücke wie Über-Ich usw. zu verwenden. 90 Soll *sich ein Lehrer analysieren lassen? 91 Ist schöpferische Tätigkeit ein geeignetes Mittel zur Behandlung jugendlicher Neurotiker? Ich denke an Musik, Malen und vor allem Tanzen. 94 Würde es meinen Schülern psychologisch etwas nützen, wenn ich ihnen die Symbolik in ihren Geschichten und Bildern erklärte? 95 Mein neunjähriger Sohn stiehlt in Läden. Was kann ich dagegen tun? 99 Ich bin dem Tierschutzverein beigetreten, und mein Bruder, der ein bißchen von Psychologie versteht, sagt mir nun, daß ich damit meinen unbewußten Wunsch, gegen Tiere grausam zu sein, überkompensiere. 100 Warum ziehen Sie die Vererbung nicht in Betracht? 102 Sie sagen, die Kinder seien in Summerhill glücklich. Was verstehen Sie unter Glück? 102 Handelt es sich bei einem jugendlichen Dieb immer um ein Kind, das nicht genug geliebt worden ist? 104*

VIII Andere Schulen

Welchen Einfluß hatte Summerhill auf die Erziehung überhaupt? 107 Was halten Sie von Gesamtschulen? 108 Wie können die Prinzipien von Summerhill in staatlichen Schulen angewandt werden? 110 Würden Sie für alle Kinder Internatsschulen empfehlen? 111 Wie schneiden die anderen progressiven englischen Schulen mit Koedukation im Vergleich zu Summerhill ab? 113

IX Verschiedenes

Mußte Summerhill Kompromisse schließen? 115 Sie sprechen oft vom Establishment. Was ist das eigentlich? 116 Wie stellen Sie sich in Summerhill zum Rauchen? 117 Meine Frau ist im letzten Stadium einer Krebskrankheit. Soll ich meiner Tochter schreiben und es ihr sagen? 118 Was ist die Summerhill Society, und was macht sie? 119 Hat das Leben einen Zweck? 119 Wie kann ich meine Schüler dazu bringen, daß sie international denken? (Von einem amerikanischen Lehrer) 120 Was halten Sie von den interantionalen Studentenunruhen? 122 Welche Bedeutung hat für Sie das Geld? 124 Haben Sie in Summerhill irgendwelche Marotten bei der Ernährung? 125 Spinnen die Lehrer ein bißchen? Tragen sie Sandalen und lassen sich Bärte und lange Haare wachsen? 126 Ist William Goldings ‚The Lord of the Flies‘ nicht ein Beweis dafür, daß Ihre Ansichten über Kinder ganz falsch sind? 126 Ich bin in meinem zweiten Collegejahr. Den langweiligen Unterricht habe ich satt, daß ich drauf und dran bin aufzuhören, obwohl ich Kinderpsychologe werden möchte. Halten Sie das für richtig? 129

X Persönliches

Vier Ihrer Bücher waren ein großer Erfolg. Bilden Sie sich darauf etwas ein? 131 Ein Junge hat Sie mit „Neill", ohne „Mister", angeredet. Respektiert er Sie nicht? 132 Sie sind Schotte. Warum haben Sie Ihre Schule nicht in Schottland gegründet? 133 Warum haben Sie Summerhill gegründet? 134 Worauf führen Sie Erfolg und Versagen ehemaliger Schüler jeweils zurück? 135 Wie kommen Sie dazu, Gesetze für die Erziehung aufzustellen? 135 Ihre Äußerungen klingen manchmal antiamerikanisch. Sind Sie antiamerikanisch eingestellt? 137 Ich sehe mir oft in der Lewis-Bücherei in Gower Street neue Bücher über Kinderpsychologie und Erziehung an. Summerhill und

Ihr Name werden selten erwähnt. Warum wohl? Sind Sie zu radikal? 139 Sie sagen oft, daß Sie von Homer Lane viel gelernt haben. Stimmten Sie allen seinen Leheren zu? 140 In Ihrem Buch ‚The Free Child' schreiben Sie, keine Universität würde Ihnen einen Ehrentitel verleihen. Was sagen Sie jetzt dazu, nachdem Ihnen die Universität Newcastle den Master of Education und Exeter die Ehrendoktorwürde verliehen hat? (Von einem Studenten) 141 Haben sich Ihre Ansichten seit den Anfängen Summerhills geändert? 143 Ich habe oft sagen hören, Sie seien anti-intellektualistisch. Stimmt das? 146 Ist Summerhill eine One-Man-Show? 148 Sind Sie Optimist oder Pessimist? 150 Ein Rezensent nannte Sie ein Genie. Sind Sie wirklich eines? 151 Haben Sie jemals ein Kind von Ihrer Schule verwiesen? Und wenn ja, hatten Sie dann das Gefühl, versagt zu haben? 153 Wie denken Sie über die Landung auf dem Mond? 154 Ihr Buch über antiautoritäre Erziehung ist in Deutschland ein Bestseller, ebenso wie in den USA. Wir Engländer sahen in den Deutschen immer ein Volk von Schafen, die auf Befehle von oben warten. Wie erklären Sie sich den großen Erfolg des Buches? 154

I Selbstbestimmung

Ich habe so viele Bücher über Erziehung geschrieben, daß ich wahrscheinlich nichts Neues mehr zu sagen habe. Seine eigenen Bücher zu lesen ist eine Tortur, und ich kann mich einfach nicht entschließen nachzulesen, was ich alles schon geschrieben habe. Deshalb werde ich mich auf diesen Seiten wohl wiederholen. Das ist meiner Meinung nach nicht sehr schlimm, denn die Leser vergessen rasch, was sie gelesen haben. Der Grund, warum ich dieses Buch schreibe, ist einfach: Ich möchte die vielen Fragen beantworten, die mir von Hunderten von Besuchern und Briefschreibern gestellt worden sind. Die Frage, die mir immer wieder von neuem gestellt wird, ist folgende:

Wie kann man zwischen Freiheit und Zügellosigkeit („licence") unterscheiden?

Ein alter Freund beschwor mich, ein Buch über dieses Thema zu schreiben. Er sagte: „Du mußt das unbedingt tun. Denn viele Eltern, die ‚*Theorie und Praxis der antiautoritären Erziehung*' lesen, fühlen sich wegen der Strenge, mit der sie ihre Kinder behandelt haben, schuldig und sagen ihnen dann, daß sie von jetzt an frei seien. Das Ergebnis ist gewöhnlich eine Schar von ungezogenen Bälgern; die Eltern haben nämlich keine Ahnung, was Freiheit ist. Sie verstehen nicht, daß zur Freiheit Geben *und* Nehmen gehört, daß es ebenso Freiheit für die Eltern wie Freiheit für die Kinder sein muß. Diese Eltern meinen, Freiheit sei, alles tun zu können, wozu man Lust hat."

Das sind betrübliche Nachrichten. In Amerika habe ich den Eindruck gewonnen, daß die Kinder zu viel von der falschen Freiheit haben. Beispiel: Ich möchte jemand besuchen, mit dem sich ein Gespräch lohnt, einen Professor, einen Lehrer oder einen Arzt. Bei meiner Ankunft sind gerade seine Frau und zwei Kinder im Zimmer. Die Kinder bleiben da und beherrschen die Unterhaltung. Als heute ein Besucher kam, waren drei Kinder in meinem Zimmer. „Kommt, Kinder", sagte ich, „haut ab, ich möchte mit diesem Besuch sprechen." Sie gingen anstandslos. Aber es könnte auch einmal andersherum sein, denn meine Schüler haben mich schon oft rausgeschickt, wenn sie unter sich sein wollten, zum Beispiel um ein Theaterstück zu proben.

Ich habe es da freilich leichter als Eltern. Nur selten muß ich einem Kind etwas verbieten – weil die Schulgemeinde bestimmt, nicht ich. Ich sehe durchaus die Schwierigkeiten einer Mutter in einer normalen

Wohnung, die das Essen kochen soll, während drei lärmende Kinder ihr im Wege sind und heiße Kochtöpfe anfassen wollen. Es ist leider so, daß sich Kinder und Erwachsene nicht in denselben Räumen aufhalten sollten. Unsere Bücherregale, Kunstgegenstände und Wanduhren bedeuten einem Kind nichts. Leider können es sich nur die Reichen leisten, besondere Räume für Kinder einzurichten, und dann verderben sie die Sache oft dadurch wieder, daß sie Kindermädchen anstellen, die von Kindern und Kinderpsychologie nichts verstehen. Kinder gehören nicht in die Küche oder ins Wohnzimmer. Sie sollten ihr eigenes Revier haben, möglichst in schmiedeeiserner Ausführung. Wir müssen jedoch die Tatsachen nehmen, wie sie sind, und eine Tatsache ist, daß wir diese Reviere für Kinder nicht haben. Aber wenn eine Mutter das richtige Verhältnis zu ihren Kindern hat, wenn diese keine Angst vor ihr haben, so kann sie ruhig etwas energisch verbieten, ohne ihnen dadurch Schaden zuzufügen.

Unglücklicherweise haben sehr viele Leser Summerhill nur mit dem Verstand begriffen, auf der verbalen Ebene, wie es Krishnamurti genannt hat. Aber der Verstand hat uns noch nie weitergeholfen. Der Antrieb muß aus dem Herzen kommen.

Sie sprechen so oft von Selbstbestimmung („self-regulation"). Was heißt das eigentlich? Können Sie uns Müttern eine handfeste Anleitung dazu geben?

Ich fürchte, daß das nicht möglich ist. Das Prinzip der Selbstbestimmung hängt sehr viel von der Mutter selber ab, von ihrer Gemütsverfassung, ihren Anschauungen und Wertvorstellungen. Kein Kind kann frei aufwachsen, wenn einer Mutter bestimmte Dinge wichtiger sind als ihr Kind, wenn sie zum Beispiel wegen einer zerbrochenen Vase Krämpfe kriegt oder wenn sie mit ihrem reizenden und wohlerzogenen Kind den Nachbarn imponieren will. Bei einer Mutter, die sich vor Sexuellem und vor Exkrementen fürchtet, kann kein Kind frei aufwachsen. Das Prinzip verlangt eine ausgeglichene, seelisch entspannte Frau, die nur auf das Wert legt, was wichtig ist. Ich scheine da das Idealbild einer Mutter zu malen, die es noch nie und nirgends gegeben hat. Gott sei Dank, möchte man sagen. Was ich klarmachen will, ist, daß ein Kind nicht freier und unbefangener sein kann, als seine Mutter es ist. Um einen extremen Fall zu nehmen: Wie kann sich ein Kind frei fühlen, wenn es eine hysterische, unglückliche Mutter hat, die gleich zuschlägt? So daß die Antwort an eine Rat suchende Mutter sein müßte: Versuchen Sie zuerst einmal, mit sich selbst ins Gleichgewicht zu kommen. Machen Sie sich von allen konventionellen Vorstellungen von Reinlichkeit, Unordnung, Kinderlärm, Fluchen, sexuellen Spielen und unwillkürlichem Kaputtmachen von Spielsachen frei. Viele Spielzeuge sollten von einem gesunden Kind bewußt kaputtgemacht werden. Das mag sich anhören, als mache ich es wie Krishnamurti, der dem Fragesteller aus seiner Frage gern einen Strick dreht. Aber hier geht es nicht anders. Das Verhalten einer Mutter oder eines Vaters wird das Verhalten der Kinder bestimmen. Moralische und religiöse Eiferer, Eltern, denen Disziplin über alles geht, können keine freien Kinder aufziehen. Selbstbestimmung ist ein Verhalten, das aus dem Selbst hervorgeht, das nicht von außen aufgezwungen ist. Das von außen geformte Kind hat jedoch kein Selbst, es ist nur eine Kopie seiner Eltern.

Diese sogenannte Erziehung und Bildung ist nicht unbedingt nötig. Ich denke da an Mary, die jetzt als hochbetagte Frau in einem Dorf in Schottland lebt. Mary verbreitete eine wunderbare Ruhe um sich; nichts konnte sie aufregen, sie war nie außer sich; instinktiv stand sie auf der Seite ihrer Jungen und Mädchen; diese wußten, daß sie bei allem mit ihrem Verständnis rechnen konnten. Die mütterliche Mary war eine freundliche Gluckhenne inmitten ihrer Küken. Sie hatte eine natürliche Begabung, Liebe zu geben, ohne Besitzansprüche zu stellen. Ich fürchte, daß wir als kleine Jungen Marys Gutmütigkeit zu sehr ausnützten, wenn sie beim Essen zum zweitenmal die Teller füllte.

Hier war eine einfache Frau, die nie etwas von Psychologie oder von Selbstbestimmung gehört hatte und die schon vor fast siebzig Jahren nach diesem Prinzip handelte. Ich habe oft Bauersfrauen getroffen, die wie Mary waren, die sich bei allem, was ihre Familie anging, auf ihr Gefühl verließen und die sich in der Kindererziehung nicht an irgendwelche vorgeschriebenen Regeln hielten. Auf einem Hof schienen sogar die Tiere selbstreguliert zu sein. Die Hunde fletschten nie die Zähne, der Stier war nicht wild, der Hengst war zahm. Freilich hatten jene Frauen bessere Voraussetzungen als eine Mutter in einer Großstadtwohnung. Die Kinder waren die meiste Zeit im Freien, und im Hause gab es keine teuren Geräte, die man vor Kinderhänden schützen mußte, wie Radiogeräte, Plattenspieler, elektrische Bügeleisen. In der Familie gab es keine kostbaren Kleider, auf die man aufpassen mußte. Das ideale Zuhause für ein freies Aufwachsen wäre auf dem Lande.

Alles sehr schön, sagt die Mutter, aber ich lebe nicht auf dem Lande, was dann? Ich glaube, die wesentliche Frage ist, wie sehr Sie Ihr Kind wirklich lieben. Ihr Zweijähriger wird sich schlecht benehmen, wenn er spürt, daß er in einer gespannten Umgebung ist, wo es heißt: „Sieh mal nach, was der Kleine anstellt, und sag ihm, daß er das nicht darf!" Sie sollten nie gewaltsame Versuche machen, daß Ihr Kind sauber wird. Es ist verkehrt, es auf den Topf zu zwingen. Wenn der Topf in der Nähe ist, wird es das Kind mit der Zeit von selber lernen, ihn zu benutzen. Wenn es etwas nicht essen will, dürfen Sie das Kind auf keinen Fall dazu zwingen oder überreden. Wenn es seine Genitalien berührt, sollten Sie das lächelnd billigen. Das kling alles so einfach, aber was soll man machen, wenn er seine Wutanfälle kriegt? Was soll man dazu sagen, wenn er seine kleine Schwester schlägt? Wenn er Sachen demoliert? Es ist sinnlos, wenn man versucht, einem zweijährigen Kind Vernunft einzureden; es kann den Zusammenhang von Ursache und Wirkung nicht begreifen. Wenn es die Katze am Schwanz zieht, ist es zwecklos, zu sagen: „Würde es dir gefallen, wenn ich dich an der Nase ziehe?" und das dann praktisch zu zeigen. Manchmal muß man einfach nein sagen, oder man muß das Kind wegnehmen, zum Beispiel von einer weinenden Schwester, manchmal muß man auch sagen „Laß das liegen!" Sonst erhält man ein verzogenes Kind. Es ist hier nicht möglich, allgemeine Richtlinien aufzustellen, wie sich eine Mutter verhalten soll. Eine Mutter, die die Ruhe bewahrt, weiß, was sie tun und was sie sagen muß; die Mutter dagegen, deren Stimme und Hand ihren Kindern Schrecken einjagen, wird die Ungezogenheit nur noch verstärken. Mit anderen Worten, Selbstbestimmung ist nichts Handgreifliches; niemand kann sie lehren. Es gibt so wenig junge Leute, die sich als Kinder frei entwickeln konnten, daß man nichts Endgültiges über sie sagen kann. Soviel ich sehen kann, sind sie weniger aggressiv, toleranter, körperlich gelöster und geistig freier. Sie sind nicht bereit, sich von lebensfeindlichen Moralisten bevormunden zu lassen.

Aber freies Entwickelnlassen bedeutet nicht, daß man ein Kind nicht beschützen sollte. Wenn Mütter schreiben und mich fragen, ob es gegen die freie Entwicklung wäre, wenn sie ein Kamingitter anbringen, so stoße ich einen Seufzer aus. Eine der geplagtesten Mütter wohnt mit einem Vierjährigen an einer Hauptverkehrsstraße. Sie meint, oft müsse sie alles, was über freie Entwicklung gesagt wurde, einfach vergessen und in der Angst ihr gefährdetes Kind an sich reißen. Autos, Fahrräder, elektrische Stecker, feuergefährliche Stoffe, Kanäle, Gullys machen die freie Entwicklung für viele ängstliche Mütter zu einer schwierigen Sache.

Wie können sich frei erzogene Kinder im späteren Leben zurechtfinden?

Dies ist eine ständig wiederkehrende Frage, sie ist mir schon tausendmal gestellt worden. Sie ist so kompliziert, daß sie sich nicht ohne Verallgemeinerungen beantworten läßt. Wie soll ich wissen, ob Bill, der zehn Jahre in Summerhill war, jetzt fünfundvierzig und — sagen wir — Universitätsdozent, mit seiner Familie, seiner Arbeit, seiner sozialen Umwelt und mit seinen Träumen glücklich ist? Ich weiß es nicht, und so kann ich nur das Allgemeine betonen.

Summerhillschüler verbringen acht Monate in der Schule und vier Monate zu Hause. Sie sind nicht ohne Kontakt mit der Außenwelt. Gewiß, diese Außenwelt ist alles andere als frei, aber unsere früheren Schüler finden sich in ihr zurecht. Oft geht es bei ihnen, wie bei uns allen, nicht ohne bewußte Heuchelei. Wenn ich vor einer Frau den Hut ziehe, so ist das eine bedeutungslose Geste, die tatsächlich die traurige Tatsache verdeckt, daß in einer patriarchalischen Kultur die Frau nicht für voll genommen wird. Unser Betragen gegenüber Frauen ist eine Kompensation dafür, und trotzdem ziehe ich meinen Hut, wenn ich einen aufhabe, obwohl ich weiß, daß es gar nichts bedeutet. So machen unsere früheren Schüler gute Miene zum bösen Spiel und halten die bedeutungslosen sozialen Spielregeln ein. Einigen fällt es schwer, Freunde zu finden, die so wie sie denken und fühlen. Viele stammen aus London und treffen sich häufig, aber wenn einer aus der Provinz kommt, aus Glasgow oder Liverpool zum Beispiel, dann ist es gar nicht so leicht, Kontakte herzustellen.

Man kann Leben und Berufe nicht auf frei erzogene Kinder zuschneiden. Unsere Schüler schlagen wie die Schüler jeder anderen Schule die Richtung ein, in die sie Begabung und Charakter weisen. Ein Junge ist Maurer geworden, und kein schlechter. Einer ist Professor. Ein anderer ist Friseur. Vier sind Universitätsdozenten, und einem wurde eine Professur angeboten, die er ausschlug, weil er seine Forschungsarbeit fortsetzen wollte. Eine ganze Anzahl sind Ärzte, Zahnärzte, Rechtsanwälte, Ingenieure und Künstler. Einige Mädchen widmen sich der Kinderpflege, einige werden Sekretärinnen, eine oder zwei sind Künstlerinnen mit eigenen Ausstellungen in London. Nur wenige gehen ins Lehrfach. Als ich vor einigen Jahren gefragt wurde, ob von unseren Schülern auch welche Lehrer geworden sein, konnte ich ehrlich antworten: „Nur ein Mädchen wollte Lehrerin werden, und die war geistig beschränkt." Das gilt jetzt nicht mehr, denn ungefähr drei sind ins Lehrfach gegangen. Der bewußte Grund, warum die meisten nicht Lehrer werden wollen, ist, daß es nur ein Summerhill gibt und daß Lehrersein bedeuten würde, an einem Pult zu stehen und einen Haufen Kinder zu unterrichten, die lieber mit Murmeln spielen würden. Wahrscheinlich hat es aber eine tiefere Bedeutung, warum wir so wenige Lehrer hervorbringen. Freie Menschen wollen nicht etwas lehren, sie wollen etwas tun, oder wie Shaw es formuliert hat: „Wer etwas kann, tut es; wer nichts kann, unterrichtet." Wie viele Lehrer sind Könner? Wie viele Englischlehrer schreiben je ein gutes Buch?

Wie viele Kunsterzieher gibt es an den Schulen, deren Bilder in Galerien zu sehen sind? Wie in einem Detektiv wahrscheinlich ein heimlicher Bösewicht steckt, der seine Schuld auf einen andern überträgt, so kann ein Lehrer ein unzufriedener Mensch sein, der seine Lebensfremdheit auf seine Klassen überträgt und anstatt sich selbst zu bessern, seine Schüler zu bessern versucht. Vielleicht ist das der Grund, warum so viele Lehrer völlig humorlos sind. Bei Zusammenkünften von Lehrern bemerke ich immer wieder, daß sie nicht richtig lachen können. Ein Mann, der sich als kleiner Herrgott in seinem Klassenzimmer fühlt, hat Angst, es könne seinem Ansehen schaden, wenn er einen Spaß macht.

Ich glaube, daß meine früheren Schüler nicht unterrichten wollen, weil sie zu ausgeglichen und zu selbstkritisch sind, um Würde zur Schau zu tragen und Gehorsam, Respekt und Unterordnung zu verlangen.

Ein Punkt ist bezeichnend. Unsere Schüler scheinen selten einen kaufmännischen Beruf zu ergreifen; sie trachten nicht danach, mit dem Verkaufen von Waren Geld zu verdienen. Es gab eine Zeit, wo ich mir ausmalte, daß einer meiner Schüler Großindustrieller wird und der Schule eine Schenkung macht, aber gleichzeitig sah ich ein, daß er dazu ein hartgesottener Geschäftsmann sein müßte, der nichts verschenken würde. Meine persönliche Meinung ist, daß sie zu ehrlich sind, um Profit zu machen.

Soviel zur Sache des Berufs. Betätigen sie sich in der Politik? Normalerweise nicht, vielleicht wieder wegen ihrer Ehrlichkeit; denn Politik ist ein schmutziges Geschäft, wie wir alle wissen. Wir haben schreiende Mißstände — aber wenn man im Parlament für ein humanes Gesetz stimmt, könnte das die Stimmen der Katholiken oder Baptisten oder was weiß ich für Wähler kosten. Deswegen braucht es mindestens drei Generationen, um schreiende Mißstände durch Gesetz abzuschaffen.

Freie Kinder sind keine agitierenden Rebellen; sie tragen oft die Zeichen der Atomwaffengegner, aber keiner meiner Schüler wurde wegen eines Sitzstreiks mit Bertrand Russell auf dem Trafalgar Square festgenommen. In der Tat bin ich wohl der einzige Summerhillianer, der wegen eines Sitzstreiks vor Gericht gestellt wurde. Ich protestierte in Schottland vor einem Stützpunkt mit Polarisraketen und erhielt dafür sechzig Tage oder zehn Pfund Geldstrafe. Ich versuchte das nicht noch einmal, weil ich einsah, daß man damit wenig oder gar nichts erreicht. Nein, die Freiheit macht keine Rebellen; und hier stellt sich die peinliche Frage: Wenn einer gegen das Establishment rebelliert, muß er dann nicht zuvor schwer unter ihm gelitten haben? Wie es bei Shelley heißt: „Durch Unrecht werden Unglückliche zu Dichtern; im

Leiden lernen sie, was sie im Liede lehren." Ist der Bahnbrecher immer ein unzufriedener Mensch, der gegen seine frühe Erziehung rebelliert? Aber kommt es darauf an? Ein Psychoanalytiker sagte mir, daß ich meine Schule aus Haß gegen die Herrschaft meines Vaters, des Dorfschulmeisters, gegründet hätte. Das könnte sein; aber was zum Teufel macht das aus? Meine Schüler hatten sicher nicht den Wunsch, gegen ihre Schulzeit zu rebellieren. Ein ehemaliger Schüler sagte: „Ich laufe nicht herum und versuche, meinen Nachbarn die Freiheit zu predigen. Ich hoffe, daß der Eindruck, den ich durch meine Art zu leben auf andere mache, genügt, und das gilt besonders für meine Kinder. Ich kann es mir nicht leisten, sie nach Summerhill zu schicken, aber auch wenn ich das Geld hätte, weiß ich nicht, ob ich es tun würde; denn ich habe das Gefühl, daß ich von der Schule so viel mitbekommen habe, daß ich meine Kinder selber richtig erziehen kann." Und ein Vater sagte: „Diejenigen, die aus Summerhill hervorgegangen sind, glauben, daß sie nicht die Hilfe einer Schule brauchen, nicht einmal Summerhills, um ihre Kinder großzuziehen. Meine Generation vertraute Ihnen unsere Kinder an, weil wir merkten, daß wir sie nicht richtig behandelt hatten."

Um es zusammenzufassen: Was für eine Art von Menschen bringt diese Schule hervor? Wenn man es einmal negativ sagen will: Was sie nicht hervorbringen könnte, wären Menschen, die Juden oder Neger hassen; Erwachsene, die Kinder schlagen; Moralisten, die ihre Kinder nach ihrem Bilde formen möchten. Freiheit versieht uns mit einer riesigen Portion Toleranz, und wenigstens drei Eltern haben sich bei mir beklagt, daß Summerhill ihre Kinder zu tolerant gemacht hätte. *Ein* Beispiel ihrer Toleranz habe ich oft angeführt: In fünfundvierzig Jahren habe ich nicht erlebt, daß ein aus Kindern zusammengesetztes Gericht einen jungen Dieb für seinen Diebstahl bestrafte; alles, was sie verlangen, ist, daß er ersetzt, was er gestohlen hat. Den Erwachsenengerichten zur Nachahmung empfohlen.

Ich werde oft gefragt: Wie können Kinder, die nicht gezwungen werden, am Unterricht teilzunehmen, mit der Mehrheit konkurrieren, die dazu gezwungen worden ist? Ich glaube, die Antwort ist klar. Meine Schüler lernen freiwillig und deshalb mit Lust, während Tausende von Schülern an staatlichen Schulen bestimmte Stoffe lernen müssen, auch wenn sie sie hassen. Ich brauchte sieben Jahre, um so viel Latein zu lernen, daß ich zum Studium zugelassen wurde. Einer meiner Jungen schaffte das in fünfzehn Monaten. Wir müssen bedenken, daß viele Schulfächer höchst langweilig sind. Wie viele meiner Leser wären in der Lage, eine Quadratwurzel zu ziehen oder eine quadratische Gleichung zu lösen? Wie viele Engländer wissen über die Außenpolitik unserer Regierung Bescheid, und wie viele haben dafür nicht das geringste Interesse? Doch es gibt nun einmal das Prüfungssystem, und wir müssen mit ihm rechnen. Sonst wären die wichtigsten Lehrer in meiner Schule die schöpferischen, diejenigen, die in Tanz, Musik, Kunst, Theater, Kochen und Werken unterrichten und, wenn das verlangt wird, in Mathematik, Chemie und Physik. Der springende Punkt bei der Freiheit ist, daß sie den Kindern Mut gibt; wenn es darauf ankommt, können sie mit den Schwierigkeiten fertig werden. Sie eignen sich vielleicht nicht so viel von dem üblichen Schulwissen an. Aber wenn ein Kind, das die meiste Zeit hier mit Spielen zugebracht hat, sich später zum Universitätsstudium entschließt, dann besucht es die Abendkurse eines College und besteht so die Zulassungsprüfung. Das ist für mich kein Grund zur Aufregung, denn unsere Kriterien sind Zivilcourage, Glück und Wohlwollen. Unser Ziel ist, kurz gesagt, der ausgeglichene Erwachsene, der sich weder in die Dienste des Establishments noch in die der Demagogie einspannen läßt.

Warum soll ein Kind nur das tun, wozu es Lust hat? Wie kann es dann das Leben bestehen, das von uns verlangt, unzählige unangenehme Pflichten zu erfüllen?

Um diese Frage zu beantworten, müßte man ein dickes Buch schreiben. Kindsein ist nicht Erwachsensein; Kindsein heißt Spielen, und kein Kind kann zu viel spielen. Die Theorie von Summerhill ist: Wenn ein Mensch als Kind genug gespielt hat, wird er sich danach an die Arbeit machen und die Schwierigkeiten meistern. Und ich behaupte, daß diese Theorie durch die Fähigkeit unserer früheren Schüler bestätigt worden ist, etwas Ordentliches zu leisten, auch wenn damit eine Menge unangenehmer Arbeit verbunden ist. Die meisten Menschen hassen ihre Arbeit. Ich habe viele Leute gefragt: „Wenn Sie das große Los gewinnen, würden Sie dann Ihren Beruf weiter ausüben?" Schöpferisch tätige Menschen sagen ja, Künstler, Ärzte, einige Lehrer, Musiker und Bauern, aber viele sagen, sie würden ihre Arbeit aufgeben, unter ihnen sind Arbeiter, Verkäufer, Angestellte, Lastwagenfahrer und Monteure, die an einem Fließband stehen und nie das fertige Produkt sehen. Die meisten Tätigkeiten sind nicht besonders interessant, und gerade die jungen Leute haben eine Abneigung gegen sie. Vor fünfzig Jahren sagte Sir William Osler, ein Mann sei mit vierzig zu alt. Ich sage, er ist zu jung mit vierzig, in vielen Jahren habe ich herausgefunden, daß die Männer in meinem Lehrerkollegium, die bereit sind, unangenehme Arbeiten wie zum Beispiel das Herankarren von Ziegelsteinen zu übernehmen, gewöhnlich die über vierzig sind. Aber gelegentlich war auch einer dabei, der unter vierzig war. Unter Zwang

Jan / Febr. / März = 5 Tg = 1 Woche
April / Mai / Jun = 5 Tg = 1 Woche
Jul / Aug / Sept = 5 Tg = 1 Woche
Okt / Nov / Dez = 5 Tg = 1 Woche

müßten natürlich die unter vierzig die Arbeit machen. Seien wir ehrlich, die meiste Arbeit ist doch eine üble Tretmühle, und die Einführung der Automation wird viele aus diesem Stumpfsinn befreien. Aber hier wird sich folgendes Problem ergeben: Wie kann eine reglementierte und uniformierte Menschheit mit der Automation leben? Familie und Schule töteten Freiheit, Initiative und alles Schöpferische; sie sagten den Kindern, wie sie leben und was sie denken und glauben sollten; sie legten ihnen eine Last von sozialen Tabus auf. Ich befürchte sehr, daß, wenn die Freizeit das Normale ist, die Arbeiter und ebenso die Meister unfähig sein werden, mit dieser Freizeit etwas anzufangen. Heute bedeutet Freizeit wenigstens in England zu oft Hunderennen, Bingo, Popmusik, Fußballplatz, Fernsehen, und das alles hat mit schöpferischer Betätigung und Kultur nichts zu tun. Allerdings muß man hier vorsichtig sein, denn was ist Kultur? Für Sie und mich kann es die Dichtung sein, die Musik oder das Theater, aber die Jugend von heute versteht darunter etwas ganz anderes. Wenn meine Schüler eine Beatplatte hören, haben sie genausoviel Spaß wie ich, wenn ich ‚Die Meistersinger', meine Lieblingsoper, höre. Meine Jungen verachten die Bücher meiner Jugend – Conan Doyle, Anthony Hope, Kipling – und ergötzen sich an den letzten Raumfahrergeschichten. Dürfen wir sagen, daß unsere Kultur höher steht und besser ist als ihre? Zudem ist Kultur immer Sache einer Minderheit. Wie viele von uns haben je Keats oder Shelley oder Tennyson oder Browning gelesen? Wer liest Samuel Johnson oder Dryden? Von der alten Kultur hat nur die Musik durch das Radio eine Massenpopularität erhalten; es haben Millionen Beethoven und Chopin gehört, die in meiner Jugend höchstens einen flotten Walzer einer Bumskapelle zu hören bekommen hätten. Allerdings pflegte ich vor sechzig Jahren für einen Shilling auch die Samstagskonzerte in Dundee zu besuchen; ich hörte da Paderewski, Pachmann, Elman, Siloti und Lamond. Der Saal war immer voll.

Das Fernsehen hat bestimmte Dramen und auch das Ballett populär gemacht. Und das Kino hat manche kulturellen Dinge vielen zugänglich gemacht. Der Haken dabei ist, daß das alles von kurzer Dauer ist; wirklich gute Filme werden selten wiederholt. Ich würde fünf Meilen zu Fuß gehen, um ‚Der Kongreß tanzt' wieder zu sehen oder ‚Lichter der Großstadt' oder einen Film mit Greta Garbo. Vom Film bleibt zu wenig zurück. Könnte ich doch Buster Keaton mit seinem Pokergesicht wiedersehen!

Ich bin wieder einmal vom Thema abgeschweift. Das ist eine meiner Stärken, wie man mir sagt. Ein langweiliger Schriftsteller ist einer, der immer bei seinem Thema bleibt, das oft genug stumpfsinnig ist.

Das Kind und seine Pflichten also. Pflicht – was für ein häßliches Wort. Es läßt uns an alte Jungfern denken, die nicht zum Heiraten kommen, weil sie eine leidende Mutter zu pflegen haben. Selbst ein Sigmund Freud würde erschrecken, wenn ihr unbewußter Haß herauskäme. Doch die Pflicht gibt es nun einmal. Ich kann nicht im Bett liegen bleiben, wenn meine Mathematikklasse auf mich wartet. Meine ehemaligen Schüler haben bestimmte Pflichten gegen ihre Familie, ihre Arbeit, ihre Nachbarn. Kinder, die frei erzogen worden sind, können diese Pflichten leicht erfüllen. Aber sie lassen sich nicht zu Gefangenen dieser Pflichten machen, sie behalten einen klaren Kopf und werden nicht das Opfer von Wut und Haß und Todeswünschen gegen diejenigen, die diese Pflichten fordern. Wenn einer innerlich frei ist, erledigt sich die Pflicht von selbst. Wie gesagt, Pflicht ist ein häßliches Wort. Die Pflicht verlangt, daß ein Neunzehnjähriger bereit sein soll, für sein Vaterland zu kämpfen und zu sterben; aber wenn er an die Pflicht gegen sich selber denkt, wenn er ein ungehindertes Sexualleben beansprucht, dann verbünden sich alle lebensfeindlichen Mächte gegen ihn. Die Gesellschaft kennt eine Pflicht zu sterben, aber nicht die Pflicht zu leben.

Welche Bedeutung hat Summerhill in einer Welt mit so viel Jugendkriminalität?

Ich glaube, eine sehr große. Ich denke da nicht an die Schule selbst, sondern an die Prinzipien, für die sie eintritt, die Überzeugung, daß man mit Haß und Strafen noch nie etwas erreicht hat, daß nur die Liebe heilen kann. Homer Lane hat das vor fünfzig Jahren in seinem Little Commonwealth für straffällige Jugendliche bewiesen. Summerhill war nie eine Schule für Schwererziehbare, aber am Anfang hatte es Schüler, die von konventionellen Schulen verwiesen worden waren. Vor fünfunddreißig Jahren hatte es eine ganze Anzahl von Dieben, Lügnern und Rabauken. Von denen, die wenigstens drei Jahre hier waren, ist mir nur ein Schüler bekannt, der ins Gefängnis kam. Er wurde während des Krieges verurteilt, weil er Schwarzmarktbenzin verkauft hatte. Leider wohnte er zweihundert Meilen weg; ich war selber ziemlich knapp an Benzin.

Ich hatte damals eine ganze Anzahl schwieriger Fälle. Ich habe das schon einmal geschrieben, aber es lohnt sich, daß ich es wiederhole: Ich war der Meinung, daß ich sie durch Psychoanalyse heilte; aber diejenigen, die sich weigerten, zur Analyse zu kommen, wurden auch gesund. So kam ich zu dem Schluß, daß es nicht die Psychologie war, die sie heilte; es war die Freiheit, sie selber zu sein.

Aber die Heilbehandlung setzte am falschen Ende ein. Das Ziel sollte sein, es zu verhindern, daß Kinder straffällig werden, und das ist außerordentlich schwierig. Ich bin überzeugt, daß Kriminalität ihren Anfang im Kinderzimmer hat. Erziehe ein Kind lebensfeindlich; schimpfe oder schlage es, wenn es onaniert oder seine Hosen beschmutzt. Lehre es, „gut" zu sein, versuche, es moralisch zu läutern; lehre es, den Gott zu fürchten, den Wells den „Großen Abwesenden" nannte, kurz, verdirb alle seine natürlichen Instinkte, dann brauchst du dich nicht zu wundern, wenn es ein Sorgenkind wird. Gewöhnlich ist die Antwort auf meine Argumentation: Aber es ist doch an *allen* Kindern herumerzogen und herummoralisiert worden, warum kommen dann nur einige mit dem Gesetz in Konflikt? Das ist eine vernünftige Frage. Ich kann sie nicht beantworten. Wer vermag das? Ich kann nur auf mögliche Erklärungen hinweisen. Da ist die wirtschaftliche Seite. Aus Eton und Summerhill gehen keine Missetäter hervor — allerdings muß ich zugeben, daß britische Kabinette oft zum großen Teil aus Absolventen der Public Schools bestanden. Ein Junge wird in einer armseligen Straße geboren. In seinem Elternhaus gibt es keine Kultur, keine Bücher, keine ernsthaften Gespräche. Seine Eltern sind unwissend, schlagen ihn und schreien ihn an; er besucht eine Schule, wo strenge Disziplin und langweilige Fächer ihm die letzten Illusionen nehmen. Sein Spielplatz ist die Straßenecke. Seine Vorstellungen von Sex sind pornographisch und schmutzig. Er lebt in einer Wohlstandsgesellschaft und sieht Leute, die Geld, Autos und alle Arten von Luxus haben. Als Jugendlicher gerät er in eine Bande, deren Ziel es ist, möglichst schnell zu viel Geld zu kommen, koste es, was es wolle. Wie können wir so einen Jungen heilen? Unsere Erziehungsanstalten und ähnliche Einrichtungen behandeln ihn mit der gleichen Strenge, gegen die er zu Hause und in der Schule rebelliert hat. Sie können seinen Haß gegen das Leben und die Menschheit nur verstärken. Homer Lane hat für alle Zeiten gezeigt, daß die Freiheit Problemkinder heilen konnte, aber es gibt in unserer Nähe wenige Homer Lanes. Lane starb vor über vierzig Jahren, aber es ist mir nicht bekannt, daß eine Behörde, die sich mit Gesetzesbrechern befaßt, sich seine Erfahrungen zunutze gemacht hätte. Man ruft immer noch nach Strenge und will zu oft mit Durchgreifen etwas erreichen. Das Ergebnis ist, daß die Jugendkriminalität jedes Jahr ansteigt.

Meine Antwort für die Zukunft ist: Wenn jedes Kind nach der Methode von Summerhill erzogen würde, ginge die Jugendkriminalität gewaltig zurück. Mit der Freiheit müßte man im Elternhaus, in der Kindheit anfangen, aber offensichtlich hat die große Mehrzahl der Eltern nicht das Wissen, die Geduld und den Glauben an das Gute im Menschen, um ein freies Zuhause für ihre Kinder zu schaffen. Und das gilt für alle Klassen der Gesellschaft. Auch von den Lehrern kann man keine große Hilfe erwarten. Sie müssen in Schulkasernen unterrichten; sie müssen wohl oder übel Gehorsam erzwingen und bestimmte Verhaltensweisen einüben; die Schulbauten und unser Bildungssystem zwingen sie, die Natur des Kindes zu verderben, ganz zu schweigen von den Schulfächern, die die Mehrzahl der Schüler gar nicht interessieren. Unter diesen Umständen gibt es kein sofort wirkendes Mittel gegen die Kriminalität in einer Gesellschaft, in der 95 Prozent der Bevölkerung die Prinzipien des Establishments keinen Augenblick in Frage stellen, ja nicht einmal darüber nachdenken. Und *ein* protestierendes schwarzes Schaf in der ganzen Herde kann sich kein Gehör verschaffen. Das beste Heilmittel wäre eine Welt, der es um Liebe geht, und nicht um Macht und Haß und eine überholte Moral.

Und hier muß ich fragen, warum die Christen nicht in die Fußstapfen ihres Herrn getreten sind? In katholischen und protestantischen Schulen werden Kinder geschlagen, als ob Jesus gesagt hätte: „Lasset die Kinder zu mir kommen, damit sie geschlagen werden." Kann sich jemand vorstellen, wie Christus ein Kind schlägt? Katholiken und Protestanten erklären sich durch ihr Schweigen mit unseren unmenschlichen Gefängnissen und unseren grausamen Gesetzen einverstanden. Ich frage mich oft, wieviel Jugendkriminalität auf die Enttäuschung christlich erzogener Kinder zurückgeht. Man sagt ihnen, daß Lügen und Stehlen und Ehebruch Sünden sind. Dann erleben sie, wie ihre Eltern lügen oder das Finanzamt betrügen. Sie kommen dahinter, daß ihre Väter zu anderen Frauen gehen. Sie merken, daß Religion nur in Worten besteht.

Warum ist die Schule so unordentlich? Warum haben Sie nicht gute Bilder an den Wänden, um die Kinder anzuregen?

Ein Psychologe schrieb einmal, daß jeder, der auf Ordnung Wert legt, seelisch und geistig irgendwie nicht in Ordnung sei. Summerhill macht oft einen unordentlichen Eindruck. Mit den Möbeln können wir keinen Staat machen, die Stühle sind meistens ungepolstert. Auf dem Boden liegen Papierfetzen herum, was niemand stört, höchstens den auf Sauberkeit bedachten Besucher. Aber ich bin nicht der Richtige, um die Frage zu beantworten, denn ich bin selber sehr unordentlich. Ich räume mein Arbeitszimmer oder meine Werkstatt erst auf, wenn ich etwas nicht mehr finde, und ich tröste mich mit dem Gedanken, daß es auch in van Goghs Arbeitsraum ziemlich unordentlich aussah. Ich könnte mir vorstellen, daß die ordentlichsten Leute die Bürokraten sind, auf deren Schreibtischen alles sauber ausgerichtet sein muß. Kein schöpferischer Geist war wahrscheinlich je auf Ordnung bedacht.

Kinder sind unordentlich, weil sie in der Regel mit einer bestimmten Sache beschäftigt sind. Unsere Mädchen machen in ihren Schlafzimmern Kleider und Puppen; die Stoffreste, die auf dem Boden verstreut sind, sehen sie gar nicht. Meinen ersten Unterricht in Sauberkeit hatte ich, als ich Rektor einer schottischen Schule war. Die Putzfrau kam wütend zu mir.

„Soll ich vielleicht diesen ganzen Dreck wegmachen, den diese Bengel hinterlassen?"

„Einfach liegen lassen", sagte ich, „sie werden es bald selber merken und von sich aus aufräumen."

Wir beide warteten zwei Wochen, dann nahmen wir Besen und brachten das Klassenzimmer in Ordnung. Die Schüler hatten die Unordnung gar nicht bemerkt.

Nun könnte man sagen, sie werden ihr Leben lang unordentlich sein. Das ist nicht der Fall.

Was die anregenden Bilder betrifft, bei mir hängt die Reproduktion eines Gemäldes von Munch, und nur *ein* Kind hat sich das Bild angesehen. Die Wände sind mit ihren eigenen Zeichnungen bedeckt, und manche sind nicht einmal schlecht.

Was die Kleidung betrifft, so haben die gut Gekleideten die engsten Ansichten, der Geschäftsmann trägt gestreifte Hosen, Melone und Schirm. Ich vermute, daß die Männer, die schöpferisch tätig sind, über diesen Dingen stehen, man denke an die Musiker und Künstler mit ihren offenen Hemden und ihren Blue jeans. Daß bei den Jugendlichen lange Haare und enge Hosen große Mode sind, hängt wohl zusammen mit der Gleichgültigkeit der Jugend gegenüber Dingen, auf die es nicht ankommt, wie zum Beispiel Krawatten und weiße Kragen. Den Charakter eines Mannes kann man an seiner Kleidung erkennen, darin wäre *Tailor and Cutter,* das Schneiderjournal, völlig mit mir einig, wenn auch mit anderer Begründung. Der gut angezogene Gentleman hat seine Eleganz wohl nötig, weil er außer der Aufmachung nichts hat, um seinem Ich etwas aufzuhelfen. Wie oft sieht man unter denen, die in einem Film- oder Fernsehstudio arbeiten, einen gut angezogenen Mann? Wie viele Künstler sind geschniegelt und gebügelt wie die Schaufensterpuppen? So ist es auch bei Kindern; ihr inneres Leben ist ihnen unendlich viel wichtiger als die äußere Aufmachung. Zu den Schlußbällen können sich unsere Jungen und Mädchen freilich auch einmal in Schale werfen, die Mädchen mehr als die Jungen.

Summerhill bietet den Kindern Freiheit, aber ist überhaupt jemand frei?

Wie kann jemand frei sein, wenn wir alle schon in der Wiege gemodelt wurden? Freiheit ist ein relativer Begriff. Das Wort wird oft in einem politischen Sinne gebraucht — Freiheit für Indien oder für die Neger, aber die Freiheit, um die es uns in Summerhill geht, ist die individuelle, innere Freiheit. Ich nehme an, daß manche indischen Mystiker selbst in einem Gefängnis sich frei fühlen könnten, möglicherweise war das bei Gandhi und Nehru der Fall. Nur wenige erreichen diese innere Freiheit. In unserer Schule bedeutet Freiheit, daß man tun kann, was man möchte, solange man die Freiheit der andern nicht beeinträchtigt. Das ist das Äußere, in der tieferen Bedeutung trachten wir danach, daß die Kinder innerlich frei sind, frei von Angst, von Heuchelei, von Haß und von Intoleranz. Die ganze Verfassung der Gesellschaft ist gegen solche Freiheit; jeder sucht Freiheit, aber gleichzeitig fürchtet er sich vor ihr. Erich Fromms *Die Furcht vor der Freiheit* macht dies klar. Nationale Freiheit endet oft in einem Blutbad; individuelle Freiheit kann mit einer Tragödie enden, man denke an Wilhelm Reich in unseren Tagen und an die vielen Märtyrer in früheren Zeiten. In seinem Buch *The Murder of Christ* versucht Reich übrigens nachzuweisen, daß Christus gekreuzigt wurde, weil er für das Leben und für die Freiheit war.

Ibsen sagt: „Der Starke ist am mächtigsten allein." Der Mann, der auf der Suche nach der Freiheit für alle ist, steht dann allein, wenn er eine Gefahr für die etablierte Gesellschaft ist. Keine offizielle Stelle hat Summerhill bekämpft, aber wenn viele freie Schulen entstünden und wenn die bestehende Ordnung bedroht wäre, könnte es durchaus sein, daß Summerhill geschlossen würde. Jede Masse will vor allem ihre Gleichartigkeit verteidigen, dennoch gelingt es den Rebellen, ein Stück weit in das Verteidigungssystem einzudringen, und mit der Zeit ändert sich die Masse doch, wenn auch sehr langsam. Ibsen sagt irgendwo, daß eine Wahrheit zwanzig Jahre lang eine Wahrheit bleibt; dann fällt sie in die Hände der Mehrheit und wird zu einer Lüge.

Wir sind alle nicht frei, und wir können nur so ehrlich wie möglich versuchen, uns von Heuchelei, von Vorurteilen und von der Lebensverneinung zu befreien.

II Sexualität

Wie sieht Summerhill die sexuelle Frage?

Es gibt nur zwei Möglichkeiten, wie man die sexuelle Frage sehen kann. Die eine ist die moralische oder religiöse: Sexualität ist etwas Sündhaftes, Unrechtes, Unsauberes. Die andere ist die realistische Einstellung. Dazu ein Beispiel. Zwei Jugendliche im Alter von fünfzehn verliebten sich ineinander. Sie kamen zu mir und fragten, ob sie ein Schlafzimmer für sich haben könnten. Ich sagte: „Ich würde euch gern eines geben, aber ich wage es nicht."
„Warum nicht? Dies ist eine freie Schule."
„Ja, aber wir sind nicht in einer freien Gesellschaft. Nehmt einmal an, ich gäbe euch eines und das Erziehungsministerium hörte davon. Sie würden meine Schule schließen."
Ich sagte zu dem Mädchen: „Du weißt, daß deine Mutter vor dem Sexuellen Angst hat. Angenommen, du würdest schwanger? Was für ein Aufsehen würde das machen. Außerdem", sagte ich, „kannst du dir keine Verhütungsmittel leisten, und ich getraue mir nicht, dir welche zu geben."

Sie nahmen die Dinge hin. Ich sehe nicht, wie ich mich hätte anders verhalten können, da ich nicht glaube, daß Sex eine Sünde oder böse oder schmutzig ist. Ein Vorteil dieser Einstellung ist, daß ich nachts gut schlafen kann und mir keine Sorgen zu machen brauche, während ich Schulleiter kenne, die den moralischen Standpunkt einnehmen und sich zu Tode ängstigen bei dem Gedanken, was in der Nacht alles passieren könnte.

Die meisten meiner Schüler haben ihr Leben unter guten Voraussetzungen begonnen. Sie wurden wegen Onanie nicht ins Gebet genommen oder bestraft; viele sind zu Hause an Nacktheit gewöhnt. Im ganzen ist ihre Einstellung zur Sexualität gesund und natürlich. Ich weiß nicht, welchen Standpunkt eine Schule einnehmen kann, wenn die Eltern die Schule nicht aussuchen. Tausende von Eltern, deren Kinder staatliche Schulen besuchen, ignorieren oder mißbilligen die Sexualität bei ihrer Kindererziehung.

Sexualunterricht in der Schule muß eine halbe Sache sein; die Eltern würden es nicht hinnehmen, wenn auch von der emotionalen Seite gesprochen würde, über die Seligkeit der geschlechtlichen Liebe. Der Unterricht darf nur das Physische, Biologische behandeln, weil die Eltern etwas anderes nicht dulden würden.

Ich sehe nicht recht, wozu der Sexualunterricht dienen soll. Vom Gesichtspunkt der Sicherheit aus muß ein Mädchen nur lernen, daß

Verkehr ohne Verhütungsmittel zur Schwangerschaft führen kann, und beiden Geschlechtern sollte immer wieder gesagt werden, daß Geschlechtskrankheiten eine wirkliche Gefahr sind. Die meisten Kinder erhalten ihre Information über Sexuelles von andern Kindern, und sie ist schief, pornographisch und oft sadistisch. Zu viele Flitterwochen beginnen mit einer Vergewaltigung, zu viele verheiratete Frauen haben sich seit ihrer ersten Nacht vor der Sexualität geekelt.

Gewiß gibt es die Eheberatungsstellen. Wie viele von ihnen sind moralisch eingestellt? Wie viele würden einer unverheirateten Frau zu empfängnisverhütenden Mitteln verhelfen? Wie ich höre, lehnen einige die Beratung von Frauen, die keinen Ehering tragen, ab. Glücklicherweise gibt's in jedem Kaufhaus ein reichliches Angebot an Ringen. Für den Arzt gelten keine moralischen Gesichtspunkte; wenn ein Mann mit Syphilis einen Arzt aufsucht, wird ihm keine Strafpredigt über seine Unmoral gehalten; aber was erlebt eine ledige Mutter oder ein junges Mädchen, wenn sie eine Beratungsstelle aufsuchen, die nicht von Ärzten geleitet wird? Ich weiß es nicht, ich frage nur. Wenn eine Beratungsstelle in Fragen der Sexualität einen moralischen oder religiösen Standpunkt einnimmt, richtet sie mehr Schaden an, als sie Gutes bewirkt.

Meine kleinen Kinder haben angefangen mit ihren Genitalien zu spielen und machen untereinander und mit Nachbarskindern Sexualspiele. Ich habe sie ausgescholten und geschlagen. Wie kann ich ihnen das abgewöhnen?

Alle Kinder spielen irgendwann einmal mit ihren Genitalien. Gewöhnlich haben sie dabei ein Schuldgefühl, weil es die Eltern als eine Sünde hinstellen auf Grund ihres eigenen Schuldgefühls in sexuellen Dingen, das sich wahrscheinlich entwickelte, als sie in ihrer eigenen Kindheit wegen dieser Gewohnheit geschlagen wurden. Die Trobriander billigen Sexualspiele, und Malinowski konnte auf den Inseln keine Anzeichen von Sexualverbrechen finden. Wir wissen nicht, wieviel Schaden wir anrichten, wenn wir sie unter Strafe verbieten. Ich möchte wissen, wie viele impotente Männer und frigide Frauen ihr Unglück dem Umstand zu verdanken haben, daß sie früher wegen Sexualspiel und Onanie bestraft worden sind. Kluge Eltern sehen darüber hinweg; die klügsten Eltern billigen es mit einem Lächeln. Hat es denn Ihnen selbst oder mir etwa geschadet?

Wenn Kinder einander an der Nase kitzelten, würden die Eltern dazu lächeln. Warum dann nicht, wenn es mit den Genitalien geschieht? Was ist an den Genitalien bedenklich? Sie sind einmal da; und sie gewähren Lust. Interessant ist nun, daß das Kind gerade nicht auf diese eine Lustquelle fixiert wird, wenn die Eltern dem Sexspiel zustimmen. Wenn man dagegen etwas Böses und Schmutziges daraus macht, bewirkt man ein Schuldgefühl, an dem das Kind noch als Erwachsener zu leiden haben wird. Ich halte es für richtig, wenn man sagt, daß Kinder, die mit Billigung ihrer Eltern onanieren und mit ihren Genitalien spielen, die beste Chance haben, später einmal liebesfähige Erwachsene zu werden, voller Zärtlichkeit und Freude. Die allgemeine sexuelle Not geht zu einem großen Teil auf die sexfeindliche Einstellung der Eltern zurück, und wer nicht glaubt, daß es die sexuelle Not gibt, braucht nur die Kinsey-Berichte zu lesen. Die Tragödie der Sexualität besteht darin, daß die Eltern ihr eigenes schlechtes Gewissen ihren Kindern aufbürden. Es ist ein Teufelskreis.

Warum erwecken Sie den Anschein, als seien Sie auf die Tatsache stolz, daß Summerhill nie einen Homosexuellen hervorgebracht hat? Halten Sie Homosexualität für etwas Unrechtes oder Sündhaftes?

Natürlich ist Homosexualität keine Sünde. Man kann nichts dafür, wenn man homosexuell veranlagt ist, und die Gesetze sind barbarisch, wenn man deswegen ins Gefängnis kommen kann. Ich bin öfters gefragt worden, ob ich einen Homosexuellen oder eine Lesbierin ins Kollegium aufnehmen würde. Die Antwort lautet nein. Wir sind alle bisexuell; wir sind alle Mann plus Frau und umgekehrt. In einer Schule mit Koedukation kann mehr oder weniger ein Gleichgewicht erzielt werden. In Schulen dagegen, die nach Geschlechtern getrennt sind, wie in unseren Public Schools, wo der Geschlechtstrieb ein Ventil finden muß, besteht die Möglichkeit, daß die homosexuelle Seite eines Jungen durch den Kontakt mit anderen Jungen entwickelt wird. Aber damit ist nicht gesagt, daß Homosexualität etwas Unrechtes ist; es ist nur gesagt, daß sie nicht das Richtige ist. Denn der Homosexuelle ist in unserer gegenwärtigen Gesellschaft eine Art Paria; er muß seine Veranlagung verbergen; wegen der ablehnenden Haltung der Gesellschaft ist er selten glücklich; sein Sexualleben muß sich heimlich abspielen, und wenn er Geld hat, ist er der Gefahr der Erpressung ausgesetzt. Unter diesen Umständen muß sich ein Homosexueller als ein Ausgestoßener vorkommen, und deswegen möchte ich nicht, daß man Jungen ermutigt, Homosexuelle zu werden. Ich erhielt ein dickes Buch aus Amerika — ‚*Greek Love*', in dem der Verfasser darlegt, daß jeder Junge in der Reifezeit einen älteren Mann als sexuellen Partner haben sollte. Er behauptet, das sei ein guter Weg, um den Jugendlichen später zur Heterosexualität zu führen. Das Buch enthält viele scharfsinnige Argumente, aber sie konnten mich nicht überzeugen und bekehren. Heterosexualität ist das Normale, die biologische Grundlage des Lebens, und Homosexualität wird wenigstens von einigen weiterhin als eine Art besserer Onanie angesehen werden. Niemand, der eine gesunde Einstellung zum Sexualleben hat, wird die Homosexualität verdammen oder über sie schockiert sein.

Mein vierjähriger Junge onaniert viel. Wenn er mit anderen zusammen spielt, nehmen die Mütter ihre Kinder schnell weg. Was kann ich da machen?

Vier ist noch etwas früh, um mit Vernunftgründen etwas zu erreichen, aber Sie sollten einmal zu ihm sagen: „Du, Willi, von uns aus kannst du mit deinem Pipi spielen, aber manche Leute sehen es nicht gern, laß es also, wenn du mit den Müller-Kindern spielst, denn ihre Eltern möchten es nicht haben." Schon kleine Kinder können sehr einsichtig sein. Ich hatte einmal ein siebenjähriges Mädchen. Als sie vor den Sommerferien dabei war, ihre Sachen zu packen, kam ich ihr in die Quere.

„Geh mir aus dem Weg, du Blödmann", sagte sie.

„Susan", sagte ich, „deine Mutter ist für Summerhill, aber dein Vater ist dagegen, und wenn du heimkommst und ihn einen Blödmann nennst, ist es möglich, daß er dich wegnimmt und auf eine andere Schule schickt."

Nach den Ferien sagte ihre ältere Schwester: „Es ist etwas Komisches passiert zu Hause. Susan hat nicht ein einziges Mal geflucht."

Meine Tochter ist noch in den Teenagerjahren und möchte ein Sexualleben haben. Soll ich sie mit einem Pessar versehen?

Gnädige Frau, ich gebe selten einen Rat, wie Sie wissen sollten; ich will nur versuchen, Ihnen zu zeigen, daß die Sache zwei Seiten hat, falls Sie eine übersehen. Zuerst die negative Seite. Sagen Sie nein, dann leben Sie jedesmal, wenn sie mit ihrem Freund ausgeht, in der Angst, sie könnte schwanger werden. Wenn sie eine Party besucht, machen Sie sich Sorgen, ob sie vielleicht zuviel trinkt und dann mit einem Jungen im Bett landet, der auch zuviel getrunken hat. Gewiß könnte das auch passieren, wenn Sie sie mit einem Verhütungsmittel versehen haben, denn sie kann es einmal nicht bei sich haben.

Sie könnten ihr „die Pille" verschreiben lassen, aber wären Sie dann glücklicher? Weil Sie im innersten Ihrer Tochter das Recht auf sexuelles Glück (noch?) nicht zubilligen wollen, werden Sie immer neue rationale Gründe suchen, um sie „von diesen Dingen" fernzuhalten. Und, was noch entscheidender ist, bei Ihrer Tochter entsteht durch die Verdrängung des Geschlechtstriebs ein Gefühl der Frustration. Dabei gehe ich davon aus, daß Ihre Tochter den sexuellen Dingen nicht mit der Angst und dem Haß gegenübersteht, die von einer moralischen Erziehung kommen.

Nun zur anderen Seite, der positiven. Die Sexualität braucht irgendein Ventil. Wenn ihr der natürliche Weg versperrt ist, kommt es zur Onanie, die immer unbefriedigend bleibt, weil zum natürlichen Sexualleben ein zärtliches Geben und Nehmen gehört. Natürlich kann man den Geschlechtstrieb auch sublimieren — einer meiner früheren Schüler definierte es so: „Sublimierung ist, wenn einen der Hintern einer Frau so erregt, daß man lossaust und die Küchentür anstreicht." Oje, ich wollte unparteiisch beide Seiten sehen, aber ich stelle fest, daß ich auf der Seite des Mädchens bin. Ich würde sie sicher mit einem Verhütungsmittel versehen.

Hier sollte ich auch den Fall erwähnen, wo die Fronten sozusagen verkehrt sind. Ich habe öfters Mütter erlebt, die ihren Töchtern ein Sexualleben aufzwingen wollten. Ich habe ein sechzehnjähriges Mädchen ausrufen hören: „Mutter, glaub mir, ich will noch nichts von Sex wissen." Diese Mütter sind gewöhnlich Frauen, die etwas von Selbstbestimmung haben läuten hören und die ihr schlechtes Gewissen wegen ihrer früheren ablehnenden Haltung gegenüber der kindlichen Sexualität dadurch erleichtern wollen, daß sie nun sexuelle Freiheit gewähren, eine Freiheit, die sehr oft wegen der vorausgegangenen mütterlichen Ermahnungen nicht angenommen wird. Diese Mütter handeln unrecht an ihren Töchtern.

Ein zwanzigjähriges Mädchen sagt zu ihrer Mutter: „In meinem Kreis scheint jedes Mädchen mit einem jungen Mann zu schlafen, und die Mädchen ziehen mich auf, weil ich das nicht will. Ich bin bald der Meinung, daß ich mitmachen sollte, damit ich mir nicht als Spielverderber vorkomme."

Das ist eine ungute Sache. Hier stellt sich die Frage der sexuellen Promiskuität, der Sexualität ohne Liebe und Zärtlichkeit. Aber wir dürfen nicht ins Moralisieren kommen. Zwei junge Leute können miteinander sexuell großen Spaß haben, auch wenn sie einander nicht lieben; aber wenn sie nur nach zufälligen Gelegenheiten zum Beischlaf suchen, muß ihrem Sexleben etwas Wertvolles fehlen, mag man es Liebe, Zärtlichkeit oder sonstwie nennen. Promiskuität kann keine dauernde Befriedigung geben. Die Mädchen erkennen das, wenn sie davon sprechen, daß sie einen „festen Freund" haben, teilweise natürlich deshalb, weil ein fester Freund einer ist, der einen wahrscheinlich heiratet. Ich weiß, daß es dem Alter schwerfällt, den Standpunkt der Jugend zu sehen. Die glücklichsten Liebesverhältnisse, die ich gesehen habe, waren wohl die, die von einiger Dauer waren. Die Casanovas und Don Juans können ein Mädchen nicht ganz glücklich machen.

Um auf die Ausgangsfrage zurückzukommen, ein Mädchen oder ein Junge sollte die Freiheit zu dem Sexualleben haben, das sie oder er will. Ohne die Billigung der Eltern wird es wahrscheinlich eines mit schlechtem Gewissen sein, und ohne Verhütungsmittel wird es ein gefährliches sein. Auf der anderen Seite sollten sich Eltern für ihr eigenes unbefriedigendes Sexualleben nicht dadurch schadlos halten, daß sie ihre Frustrationen loswerden wollen, indem sie ihre Töchter zu einem Sexualleben ermuntern, das diese gar nicht wünschen.

Soll ich meiner Mutter sagen, wo die Babies herkommen?

Diese Frage stellte ein achtjähriges Mädchen. Ich schrieb ihr, daß sie es lieber nicht tun solle, vielleicht sei ihre Mutter auf eine so gefährliche Aufklärung nicht vorbereitet. Es freut einen, wenn man mit Kindern zu tun hat, die Humor haben. In meiner Englischklasse schrieb ein siebenjähriges Mädchen die Geschichte ihres Lebens auf.

„Ich wurde in London geboren, als meine Eltern gerade auf einer Schiffsreise rund um die Welt waren."

Ich nehme an, daß ich ihr das noch mit elf Jahren abgenommen hätte. Ich habe öfters Kinder getroffen, die der Meinung waren, daß ihre Eltern in sexuellen Dingen sehr unwissend seien, was kein Wunder ist, nachdem sie mit Geschichten vom Klapperstorch und ähnlichen Ammenmärchen aufgezogen wurden. Nicht schlecht ist die alte Geschichte von dem „Krieger", der im Kinderspiel mit seinen Orden und Trophäen aus dem Krieg heimkehrt. Sein „Weib" zeigt stolz auf eine Reihe von Puppen. „Siehst du, ich bin auch nicht faul gewesen, solange du weg warst." Diese Geschichte fände heute nur noch in wenigen Kinderzimmern Glauben. Eigentlich hätte ich der kleinen Dame raten sollen, bei der Aufklärung ihrer Mutti mit den Bienen und dem Pollen anzufangen. Ich kannte einen jungen Mann, der rot wurde, wenn jemand das Wort Pollen erwähnte.

Hat es in Summerhill je einen Fall von Schwangerschaft oder Abtreibung gegeben?

Ich habe nie von derartigem gehört, und ich nehme an, daß ich es von den Eltern erfahren hätte, wenn ein Mädchen schwanger geworden wäre. Ich kann mir vorstellen, daß ich nicht so glücklich daran gewesen wäre, wenn ich in sexuellen Dingen einen moralischen oder religiösen Standpunkt eingenommen hätte.

Ich hasse den Gedanken an Abtreibung, aber ich sehe ihre Notwendigkeit ein. Wenn eine Frau ein Kind zur Welt bringt, das sie nicht gewollt hat, so wird sie das Kind höchstwahrscheinlich nicht lieben; und das schlimmste, was einem Kind passieren kann, ist, daß es als Kleinkind keine Liebe findet. Ein Fernsehfilm zeigte eine Schule, in Frankreich glaube ich, wo die Nonnen oder Schwestern keine Liebe, sondern nur äußere Fürsorge gewährten. Alle Kinder saßen mit einem starren Gesichtsausdruck da. An dem entsetzlichen Bild konnte man sehen, was aus Kindern wird, die ohne Liebe aufwachsen. Wiederholt habe ich geschrieben, daß die einzigen Fehlschläge, die Summerhill zu verzeichnen hatte, Kinder waren, die in ihrer frühen Kindheit Mutterliebe entbehrt hatten. Sie hatten an einem Trauma zu tragen, das auch die Freiheit nicht heilen konnte.

III Schüler

Finden Sie, daß amerikanische und englische Kinder verschieden sind?

Ja und nein. Alle Kinder auf der Welt gleichen einander. Alle suchen Glück, Freiheit und Liebe; alle wollen spielen und nochmals spielen. Sie sind begierig, Dinge zu lernen, die sie interessieren — und wir geben ihnen langweilige Geographie-, Geschichts- und Mathematikstunden. Aber ich glaube doch einen Unterschied zu sehen in der Art, wie Kinder in Amerika und in England aufgezogen werden. Ungefähr 60 Prozent meiner Schüler sind Amerikaner. Die meisten von ihnen bewarben sich um einen Platz, nachdem sie von Summerhill gehört oder gelesen hatten. Wir hatten besonders mit den Älteren zunehmend Schwierigkeiten. Ihre Einstellung war: „Dies ist eine freie Schule; ich kann tun, was ich will." Sie brauchten einige Zeit, um einzusehen, daß Freiheit nicht bedeutet, daß man machen kann, was man will. Sie mußten lernen, daß sie in einer Schule mit Selbstregierung die Gesetze, die die Gemeinschaft gemacht hatte, einhalten mußten. Einigen fiel das sehr schwer. Wir haben jetzt für neue Schüler eine obere Altersgrenze von zwölf Jahren. Wenn sie über vierzehn sind, kommt für die meisten die Freiheit zu spät; sie sind dann zu lange unterdrückt worden, und ihre neugewonnene Freiheit findet zu oft in antisozialem Verhalten, Langeweile, Faulheit und schlechtem Gewissen Ausdruck. Schon oft habe ich gesagt, daß ich keine Kinder über sieben nehmen würde, wenn ich mir das finanziell leisten könnte.

Wenn ich die amerikanischen Schüler mit den einheimischen vergleiche, so glaube ich, daß zu viele von ihnen zuviel Taschengeld bekommen. Dadurch entstehen in einer Schule Gegensätze. Ein zwölfjähriges englisches Mädchen bekommt wöchentlich noch nicht einmal zwei Mark Taschengeld, und es ist nicht gerecht, daß das amerikanische Mädchen im Bett daneben Zehndollarscheine geschickt bekommt. Einige Schulen verbieten, daß den Schülern Taschengeld geschickt wird.

Amerikanische Jugendliche scheinen eine stärkere Abneigung gegen ihr Elternhaus zu haben als unsere Kinder. Einige sagen, sie fühlten sich zu Hause nicht glücklich, ihre Eltern verstünden sie nicht. In einigen Fällen ist das eine Folge des schrecklichen amerikanischen Erziehungssystems, das die Collegebildung für so viele junge Leute beinahe unerläßlich macht. Die Eltern machen sich über die Zukunft der Kinder Sorgen, und in einigen Fällen war diese Angst daran schuld, daß ihre Kinder in Summerhill nicht den gewünschten Erfolg hatten. Das

Kind befindet sich in einem Zwiespalt. Die Schule sagt: „Du hast die Freiheit, den Unterricht zu besuchen oder wegzubleiben. Der Wunsch zu lernen muß aus dir selber kommen." Aber wenn dann die Eltern schreiben, sie hofften, daß das Kind den Unterricht besuche, so ist das Ergebnis ein unglückliches Kind, das vom Unterrichtsbesuch überhaupt nichts mehr wissen will. Vor einiger Zeit forderte ich einen Vater auf, entweder mit seinen Ermahnungen aufzuhören oder seinen Sohn herauszunehmen. Er nahm ihn heraus.

Amerikanische Kinder bekommen zu viele technische Spielzeuge, aber hier muß ich meine Befangenheit eingestehen. In meiner Kindheit besaßen wir höchstens Dinge wie Kreisel, Murmeln und Reifen. Ich mußte jahrelang für mein erstes Fahrrad sparen, und in jenen Tagen wußte man nichts von Radios, Filmapparaten, Autos, Tonbandgeräten und Plattenspielern. Wir wuchsen spartanisch einfach auf, und ich kann mich immer noch nicht eines Gefühls des Unbehagens erwehren, wenn ich sehe, daß die Kinder so viele Dinge kriegen, ohne etwas dafür tun zu müssen. Die Folge ist, daß die Kinder die kostspieligen Dinge oft nicht zu schätzen wissen. Es ist unklug, einem Elfjährigen ein teures neues Fahrrad zu schenken, nach drei Wochen wird es bei Nacht draußen im Regen liegen. Teure Geschenke machen selten lange Freude. Ich möchte wissen, wie viele von Beat-Fans gewünschte Gitarren unbenutzt in Häusern und Heimen herumliegen. Wahrscheinlich könnte ich auch in meiner eigenen Schule zwei oder drei finden. Leider führt das dazu, daß die Kinder auf Geld und auf alles, was man mit Geld kaufen kann, zuviel Wert legen. Ich bin so erzogen worden, daß ich zusammenzucke, wenn ich sehe, wie Kinder mit gutem Material umgehen.

Ich möchte nicht sagen, daß englische Eltern ihren Kindern nicht auch mehr materielle Dinge geben, als für sie gut ist, nur sind unsere einheimischen Schüler im allgemeinen ärmer als ihre amerikanischen Vettern. Die Jugend beider Länder scheint wenig Neigung zu haben, für den Notfall etwas zurückzulegen. Der Grund dafür mag in dem mehr oder weniger unbewußten Gefühl liegen, daß das Leben zu unsicher geworden ist. Ich glaube, daß die Drohung der Atombombe auf das Denken der Jugend einen großen Einfluß gehabt hat; die gegenwärtige Revolte der Jugend und das Ansteigen der Kriminalität hängen teilweise mit dem Gedanken zusammen, daß das Leben vielleicht kurz ist. In einem Fall war der Gedanke bewußt. Ich sagte zu einem siebzehnjährigen Mädchen: „Du rauchst wie ein Schlot. Hast du keine Angst vor Lungenkrebs?" Ihre Antwort war: „I wo. So lange werde ich nicht mehr leben, und alle andern auch nicht." Übrigens jagte die Kubakrise meinen amerikanischen Schülern einen größeren Schrecken ein als unseren einheimischen.

Vermutlich kann man an Kindern den Lebensstil ihres Heimatlandes ablesen. England ist wohl in vielen Beziehungen freier als die Vereinigten Staaten. Summerhill besteht jetzt seit fünfzig Jahren, und weder Staat noch Kirche haben mir etwas in den Weg gelegt. Hätte ich den Versuch einer freien Schule in den Vereinigten Staaten gemacht, so hätte ich es wahrscheinlich mit den Katholiken oder den Baptisten oder den Töchtern der amerikanischen Revolution zu tun bekommen. Und auch die Rassenfanatiker hätten an der Schule Anstoß genommen, denn eine freie Schule muß alle Hautfarben und Rassen aufnehmen. Natürlich kommen meine amerikanischen Schüler nicht aus Elternhäusern mit Rassenvorurteilen, so daß ich von meinen Erfahrungen mit ihnen nicht auf das amerikanische Durchschnittskind schließen kann.

Ich glaube, daß sich meine amerikanischen Schüler über ihre Zukunft Sorgen machen, denn mit Ausnahme der ganz Kleinen haben sie alle das Gedrängel an den amerikanischen Schulen erlebt. Sie wissen, daß ihre Zukunft von einer Collegebildung und bestandenen Prüfungen abhängt. In England ist dieser unsinnige Prüfungskult noch nicht so verbreitet, aber wir machen rasche Fortschritte. Bald wird ohne höhere Schulbildung nicht einmal ein Picasso in einer Kunstakademie aufgenommen werden. Es wird nicht lange dauern, und wir haben ebenso verrückte Vorstellungen von sogenannter Bildung wie die Amerikaner. Ich bekomme viele verzweifelte Briefe von amerikanischen Schulkindern. „Kann ich nach Summerhill kommen? Ich hasse meine Schule, ich hasse die öden Stunden und den genormten Unterricht, der jeden Versuch selbständigen Denkens und Tuns abtötet." Einige fügen hinzu: „Meine Lehrer sind sarkastisch." Das britische Schulwesen ist schlecht genug, aber solche Briefe habe ich von englischen Kindern bis jetzt noch nicht bekommen. Noch kann man hier auch ohne bestandene Prüfungen etwas werden, aber das Übel breitet sich aus. Mein Stiefsohn lernte bei Bernard Leach, einem der besten Töpfer der Welt. Er bewarb sich in einer Stadt um die Stelle eines Lehrers für Abendkurse. Die Stelle erhielt ein Lehrer, der zwar nicht viel von Keramik verstand, dafür aber ein Werklehrerexamen hatte.

Sind Sie der Auffassung, daß Jungen und Mädchen von Natur aus verschiedene Interessen haben?

Ja. Früher dachte ich, daß die Interessen durch Gewöhnung und Übung bestimmt würden. Mädchen mußten abwaschen und Betten machen, während von Jungen nicht erwartet wurde, daß sie im Haushalt etwas tun. So war es in meiner Kindheit Mode. Die Jungen bastelten an ihren Fahrrädern herum, Mädchen taten das nie. Mädchen nähten und strickten, während ihre Brüder mit Murmeln spielten. Ich glaube, daß diese Unterschiede verschwinden würden, wenn beide Geschlechter frei wären. Das war ein Irrtum. Unsere Jungen reparieren Fahrräder, basteln an ihren Radiogeräten, machen in der Werkstatt Revolver, Schwerter, Boote, Flugzeuge und Kästchen. Selten finden wir ein Mädchen in der Werkstatt oder einen größeren Jungen in der Nähstube. Beide Geschlechter machen Töpfe in der Töpferei und Messingarbeiten in der Metallwerkstätte. Im Unterricht gibt es keine auffälligen Unterschiede, höchstens daß ich die Mädchen, die etwas für Mathematik übrig haben, an den Fingern einer Hand aufzählen könnte. Ein paar interessieren sich für Algebra, aber die meisten Mädchen wollen von Geometrie nichts wissen, was freilich auch an meinem schlechten Unterricht liegen kann. In Summerhill beteiligen sich beide Geschlechter gemeinsam am Tanzen und Malen, an Theateraufführungen und Gemeinschaftsspielen. Viele Jungen und auch einige Mädchen bauen sich Baumhütten. Jungen graben Löcher, und ich muß Angst ausstehen, wenn sie diese durch unterirdische Gänge verbinden; Mädchen machen das nie. Wenn sie die Schule verlassen, scheint das Geschlecht auf die Berufswahl einen Einfluß zu haben. Wir haben männliche Ärzte, aber keine weiblichen, männliche Universitätsdozenten, Rechtsanwälte, Ingenieure, von Mädchen werden diese Berufe nicht angestrebt, dagegen sind beide Geschlechter in künstlerische Berufe gegangen. Einige Schülerinnen sind Köchinnen geworden, aber wir haben keinen Koch unter unseren ehemaligen Schülern.

Daraus muß ich schließen, daß es vielleicht angeborene Neigungen gibt, die auch die Freiheit nicht verändert hat; aber es kann natürlich auch sein, daß keine Schule die Gewohnheiten der Außenwelt verändern kann.

Sie bekommen wohl viele Besucher? Wie reagieren die Schüler darauf?

Es wird immer schlimmer. Ich weiß nicht, was ich mit den Besuchern machen soll. Ich möchte Summerhill nicht zu einer geschlossenen Anstalt machen, einer Insel, wo Besucher nicht erwünscht sind. Ich übertreibe nicht, wenn ich sage, daß es zu einer Art Mekka für die Gläubigen geworden ist. Sie kommen nicht als einzelne Spione, sondern gleich in Bataillonsstärke. Die Kinder beklagen sich, daß so wenige Besucher ihnen etwas zu bieten haben, aber wenn außerordentliche Leute, ein Afrikareisender oder Musiker, auftauchen, freuen sie sich. Als Joan Baez vor einiger Zeit ein Konzert bei uns gab, waren alle, Alte und Junge, begeistert. Und auch Joan machte es Spaß.

Ich bin ein geselliger Mensch, aber am Ende des Sommertrimesters bin ich wirklich erschöpft; immer wieder werden die gleichen Fragen gestellt — daher dieses Buch. Nur selten ist ein Besucher offen gegen die Freiheit, die meisten sind wirklich daran interessiert, einmal zu sehen, wie Kinder sich selbst in Schulversammlungen regieren können. Nach der Versammlung am Samstagabend nehme ich die Besucher jedesmal in ein Klassenzimmer und beantworte ihre Fragen. Einige machen sich Notizen. Eine Dame aus Indien stellte mir eine Reihe von Fragen. Dann blätterte sie ein paar Seiten zurück.

„Aber, Mr. Neill, vor zehn Minuten haben Sie genau das Gegenteil gesagt."

„Ich mache rasche Fortschritte", sagte ich. „Sie können nicht von mir erwarten, daß ich auf der Stelle trete." Sie lächelte nicht einmal dazu.

Besuche von Lehrern sollte ich wirklich verbieten. Sehr viele kommen von Schulen mit strenger Disziplin, wo sie überhaupt keine Freiheit haben — nicht einmal die, Blue jeans zu tragen. Sie sehen, wie sich glückliche und freie Kinder verhalten, und kehren dann zu ihrer öden Aufgabe zurück, aufnahmeunwilligen Köpfen Fakten einzutrichtern. Das Erschreckende ist, daß die Lehrer sich nicht zusammentun und Veränderungen in dem System fordern. Sogar die jungen Lehrer sind so unartikuliert. Jedesmal, wenn ich vor angehenden Lehrern einen Vortrag halte, frage ich die Zuhörer: „Wollt ihr euch zur Herausforderung entschließen? Oder wollt ihr mit dem Establishment euren Frieden machen und in zwei Jahren in Lehrerkollegien sitzen, die der Meinung sind, Erziehung bestehe aus Lernunterricht, Disziplin und Gehältern?" Bei einem Vortrag lehnte sich mein Gastgeber, ein Professor der Psychologie, zu mir herüber. „Sie irren sich, Neill, das dauert wahrscheinlich nur sechs Monate, keine zwei Jahre." Nur einmal habe ich von einem Studenten eine Antwort bekommen, eine realistische Antwort: „Ich wäre auch für Herausforderung, aber ich habe eine Frau und drei Kinder und kann es mir nicht leisten." Ein junger Lehrer begibt sich in Gefahr, wenn er das System herausfordert. Seinem Schulleiter gelingt es wohl, ihn loszuwerden, und wenn sein zukünftiger Schulleiter seinen Kollegen anruft, darf man wohl annehmen, daß die Chancen für den Rebellen schlecht stehen. Die Gründe für den Verzicht auf Herausforderung sitzen tief. Nur wenige können sich dem bestimmenden Einfluß ihrer Umwelt entziehen. Ja, es wäre besser, allen Lehrern und angehenden Lehrern den Rat zu geben, um Summerhill einen weiten Bogen zu machen.

Gibt es in Summerhill Anregungen für Spiele?

Eigentlich regen wir gar nichts an. Wir sehen es gern, wenn sich die Kinder mit Spielen beschäftigen, zu denen Unternehmungslust und Phantasie gehören. Sie können Mannschaftsspiele veranstalten, wenn sie das wollen, aber vielleicht ist bei ihnen der Wunsch zu gewinnen nicht so entwickelt, wie bei organisierten Kindern, denn in unseren Unterrichtsstunden und Spielen gibt es keinen Wettstreit. Wenn sie Tennis spielen, wollen sie natürlich gewinnen, aber wenn sie verlieren, ist das auch nicht weiter schlimm. Golfspieler werden mir bestätigen, daß es einen mehr freut, wenn es einem gelingt, den Ball mit einem weiten Schlag direkt neben das Loch zu setzen, als wenn man eine Runde gewinnt. Und ich bin überzeugt, daß sich ein Sonntagsspieler wie ich über einzelne Schläge mehr freuen kann als ein Berufsspieler. Wenn ein Spiel zum Beruf wird, hört es auf, ein Spiel zu sein.

Ich unterscheide zwischen Wettspielen und dem Spiel. Fußball, Hockey, Rugby und Baseball sind für mich nicht richtiges Spiel; es fehlt ihnen das Element der Phantasie, obgleich ich zugebe, daß ein Fußballspieler wie Pele viel Phantasie an den Tag legt. Wenn Kinder frei sind, neigen sie dazu, Mannschaftsspiele zu vernachlässigen zugunsten von dem, was man in Ermangelung einer besseren Bezeichnung das Phantasiespiel nennen könnte. Ich bin ziemlich sicher, daß es unter unseren alten Schülern nur wenige Zuschauer gibt. Vielleicht sehen sie sich im Fernsehen die Tennisspiele von Wimbledon an, aber sie sind nicht unter denen, die bei Pokalendspielen Vereinsabzeichen oder Schottenhüte tragen und die Mannschaften anfeuern. Ich frage mich, warum die armen Kleinen, die jahrelang bei den Schulwettkämpfen zuschauen müssen, später einmal nicht alle Mannschaftsspiele hassen. Eigentlich müßten sie es.

Unsere Mannschaftsspiele hängen sehr vom Alter der Schüler ab. Es ist schwierig, aus Kindern von fünf bis siebzehn eine Fußballmannschaft aufzustellen, um gegen das benachbarte Gymnasium zu spielen; wir müßten einen Siebenjährigen ins Tor stellen, da wir nur fünfundsechzig Jungen und Mädchen sind. Da heute der Anteil der amerikanischen Schüler 60 Prozent beträgt, finden die englischen Nationalspiele wenig Anklang. Das Kricketspiel langweilt sie, mich als Schotten übrigens auch. Ihr amerikanischer Fußball ist etwas anderes als unser Fußball. Viel hängt vom Alter ab. Vor dreißig Jahren hatten wir eine ganze Anzahl älterer Jungen und Mädchen, die zusammen mit den jungen Lehrern eine Hockeymannschaft bildeten und nicht nur gegen Schulen, sondern gegen Vereinsmannschaften in ganz Suffolk spielten. Heute haben wir sehr wenige ältere Schüler.

Ich nehme an, daß der Pflege des Mannschaftsspiels der Wunsch zugrunde liegt, einen Mannschaftsgeist auszubilden — oder in einigen Fällen auch, den Geschlechtstrieb zu sublimieren (das letztere gelingt Gott sei Dank nie). In Summerhill bildet sich Mannschaftsgeist bei der Selbstregierung des Gemeinschaftslebens. Daher gibt es bei uns keine Helden oder Heldinnen. Sportliche Heldentaten bedeuten ebensowenig wie Glanzleistungen in Schulfächern. Freie Kinder kennen keine Heldenverehrung.

Wettbewerb ist immer eine untergeordnete Sache. Kein großer Künstler hat sich je daran beteiligt. Shakespeare hat seinen Hamlet nicht geschrieben, um Marlowe zu schlagen. Nur in zweitrangigen Dingen gibt es Wettbewerb — man will hinter seinen Nachbarn nicht zurückstehen, oder man will seinen wirtschaftlichen Konkurrenten besiegen. Der Wettbewerb in der Schule ist ein Unfug. Was soll dieser verrückte Kampf um Preise und erste Plätze? Fairerweise muß ich allerdings zugeben, daß ich nicht ganz unbefangen bin. Ich habe nie in meinem Leben eine Auszeichnung gewonnen, und ich bin nie Klassenprimus gewesen.

Wettspiele sollen für die Gesundheit der Kinder gut sein. Man sollte es annehmen, aber ich habe oft Schüler gehabt, die sich in zehn Jahren an keinem Wettspiel beteiligten und die mit fünfundvierzig so gesund aussehen wie ihre Nachbarn. Allerdings fuhren die meisten von ihnen Rad und schwammen viel. Ich möchte wissen, wie viele von den Millionen Fußballzuschauern jemals selber einen Ball treten. Sie sind passive Zuschauer, die nicht viel vom Spiel verstehen. Im Gegensatz dazu spielen die meisten Zuschauer in Wimbledon selber Tennis, und die Leute, die die Golfmeisterschaften verfolgen, spielen selber Golf, woraus man sehen kann, daß die besten Spiele nicht die Mannschaftsspiele, sondern die zwischen Einzelspielern sind.

Wir haben in Summerhill ein Schwimmbad gebaut, und ich weiß, daß es kein Wettauchen oder Wettschwimmen gibt. Summerhill hat nicht den Ehrgeiz, mit Eton oder Roedean in einen Wettstreit zu treten. Leute, die wissen, was sie wollen, haben weder Zeit noch Lust, mit irgend jemand in irgendeinen Wettstreit zu treten.

In Summerhill ist mir kein freches Kind aufgefallen. Ist das ein Zufall?

Kein Zufall. Wenn ein Kind frech ist, dann ist es immer ein Neuer oder eine Neue, die von einer strengen Schule gekommen sind. Man kann nicht frech sein, wenn niemand da ist, gegen den man frech sein kann. Wenn ein Kind mir die Zunge herausstreckte, würde ich meine auch herausstrecken — meine ist länger. Aber dazu kann es in meiner

Schule gar nicht kommen. Frechheit ist ein Nebenprodukt von Würde, Respekt, Angst und Wichtigtuerei. Man schaffe diese Nichtigkeiten ab, und es gibt keine Frechheit. Unsere Schüler machen sich ein Vergnügen daraus, neue Schüler dabei zu beobachten, wie sie auf die Freiheit mit Frechheit antworten. Da die Lehrer darauf nicht in der üblichen Weise reagieren, merkt das freche Kind bald, daß es seine Zeit und Kraft verschwendet.

Ist Ihre Selbstregierung nicht Schwindel? David Holbrook scheint nichts davon zu halten.

David Holbrook schrieb in einem Aufsatz in Id, der Zeitschrift der Summerhill-Gesellschaft: „Ich sehe die Kinder in Neills Schule sitzen und über ihre eigenen Gesetze abstimmen; hier wird doch von Kindern verlangt, etwas zu tun, was die Erwachsenen für sie tun sollten." David war sechzehn, als er zum letztenmal eine Schulversammlung sah.

Ich weiß nicht, wo ich da anfangen soll, denn bei dieser Kritik geht es um Grundsätzliches. Sie stellt die Selbstbestimmung überhaupt in Frage. Das Problem ist: Wie weit können Kinder über die Angelegenheiten ihres Gemeinschaftslebens selbst entscheiden? Wir alle kennen die andere, die übliche Methode — die Älteren wissen es besser; tu, was man dir sagt. Man muß sich fragen, ob es die Älteren wirklich besser wissen. In Summerhill gibt es einige Dinge, die ich besser verstehe. Ich frage die Schüler nicht bei der Anstellung eines Lehrers; Ena fragt sie nicht bei der Zusammenstellung des Speisezettels. Ich bestimme allein über die Notausgänge, Ena über Dinge, die mit der Gesundheit zusammenhängen. Wir kaufen und reparieren die Möbel, und wir entscheiden, welche Lehrbücher angeschafft werden sollen. Alle diese Dinge unterliegen nicht der Selbstregierung. Die Schüler verlangen das auch nicht. Selbstregierung bedeutet für sie, daß sie sich mit den Problemen befassen, die aus ihrem Zusammenleben entstehen. In den Versammlungen können sie sagen, was sie wollen, und abstimmen, wie sie wollen, und sie warten nicht, um zu sehen, wie die Lehrer abstimmen. Gewiß kann ein Lehrer seinen Antrag oft durchbringen, aber der Antrag wird sachlich beurteilt. Ich habe im Laufe der Zeit Dutzende von Anträgen eingebracht und bin überstimmt worden. Wir lassen die Kinder nie über Dinge entscheiden, die über ihrem Fassungsvermögen liegen.

Die Selbstregierung funktioniert am besten, wenn wir eine größere Anzahl älterer Schüler haben, aber es sollten Schüler sein, die in diesem System aufgewachsen sind. Wenn wir Jungen und Mädchen mit fünfzehn und darüber bekommen, sind sie für die Selbstregierung keine Hilfe; sie müssen zu viele Verdrängungen loswerden, für sie ist die Freiheit nichts Selbstverständliches wie für Jugendliche, die sieben oder acht Jahre in der Schule gewesen sind. So kann es heute manchmal vorkommen, daß der Anteil des Kollegiums an der Regierung zu groß ist. Wenn jemand sein Essen gegen die Wand des Speisesaals wirft, so ist das eine Sache, die normalerweise ein älterer Schüler, der schon lange hier ist, der Versammlung vorlegt. Aber als wir vor einiger Zeit einen neuen Schub von Teenagern bekamen, die sich aus dem Herumwerfen mit Essen nichts machten, mußte einer der Lehrer die Sache zur Sprache bringen. Wir alle haben das Gefühl, daß das schlecht ist, aber unter den gegebenen Umständen geht es nicht anders.

Selbstregierung kann Schwindel sein, wenn die Kinder zu jung sind. Da wir mit fünf Kindern anfingen, mußten wir oft genug erfahren, daß kleine Kinder nicht in der Lage sind, unparteiische Gesetze zu machen. Doch das Seltsame dabei ist, daß gerade die Kleinen im Kindergartenalter zu jeder Versammlung kommen und ihre Stimme abgeben, und oft bringen sie ihre Meinung sehr gut vor, noch ehe sie lesen und schreiben können.

Welche Rolle sollten die Erwachsenen in der Selbstregierung spielen? Sie sollten nicht führen; sie sollten es verstehen, sich so gut wie möglich herauszuhalten. Wenn ein Kind wegen eines Verstoßes gegen die Gesetze angeklagt wird, stimme ich mit Absicht nie für oder gegen eine etwaige kleine Geldstrafe. Manchmal wird ein Gespräch unter vier Augen mit einem Schüler nötig, und ich kann nicht heute dafür stimmen, daß Willi bestraft wird, weil er mit Toms Rad gefahren ist, und morgen sein Therapeut sein.

Der Beweis für den Wert der Selbstregierung liegt meiner Meinung nach in der Entschlossenheit der Schüler, an ihr festzuhalten. Jeder Versuch, sie abzuschaffen oder auch nur einzuschränken, stößt auf stärksten Widerstand. Ich habe die Abschaffung zweimal vorgeschlagen, aber ich würde das nicht noch einmal wagen.

Ich gebe zu, daß Demokratie alles andere als vollkommen ist. Mehrheitsentscheidungen sind nicht immer befriedigend, aber ich sehe keine andere Möglichkeit, wenn man die Diktatur ausschließt. Die Minderheit kommt immer zu kurz. Was mich die ganzen Jahre immer wieder erstaunt hat, ist, daß die Minderheit unserer Schule den Spruch der Mehrheit annimmt. Wenn die Annahme verweigert wird, ist es meistens ein Fünfzehnjähriger, der noch nicht lange hier ist und der nicht einsehen will, warum er sich danach richten soll, „was dieser verdammte Kindergarten beschließt".

Hat der ganze Plan nicht schon darin etwas Schwindelhaftes, daß die Kinder Gesetze machen und sich dann nicht daran halten? Einige Gesetze werden oft übertreten, besonders das über die Bettgehzeit, aber wenn ich selbst die Gesetze machte, gäbe es sicher noch mehr Übertretungen, denn dann würde die natürliche Rebellion gegen den Vater dazukommen. In strengen Internaten kommt es nachts in den Schlafsälen zu Gesetzwidrigkeiten. „Das Gesetz macht das Verbrechen." Im ganzen werden die Gesetze in Summerhill durchaus eingehalten, hauptsächlich wohl, weil die Kinder bemüht sind, aufeinander Rücksicht zu nehmen. Ich wundere mich seit fünfzig Jahren über das Gerechtigkeitsgefühl, das sie an den Tag legen. Ein Junge wird beschuldigt, einen Schwächeren schikaniert zu haben, und erhält von der Versammlung einen Verweis. Bei der nächsten Versammlung beschuldigt er den andern wegen einer belanglosen Sache. Die Versammlung durchschaut, daß es sich um einen Racheakt handelt, und sagt es ihm.

Irgend jemand schrieb, daß unsere Selbstregierung Schwindel sei, weil in Wirklichkeit das Lehrerkollegium die Gesetze mache und nur zum Schein die Schüler darüber durch Handerheben abstimmen lasse. Das ist eine glatte Verleumdung; alle Schüler, die früheren und gegenwärtigen, würden das bestätigen. Wie ich schon oft betont habe, wird über jedes Gesetz nach seinem inneren Wert abgestimmt, unabhängig davon, wer es vorschlägt. Ich habe wiederholt beantragt, daß laute Schallplattenmusik nur abends erlaubt sein soll. Ich bin dabei immer überstimmt worden. Ein Mitglied des Kollegiums möchte die Vergeudung von Nahrungsmitteln auf die Tagesordnung bringen. Wir haben gleich vor unserem Gelände einen Kiosk, und oft füllt sich ein Kind den Magen mit Süßigkeiten und läßt dann das Essen stehen. Der Antrag geht nun dahin, daß jedes Kind, das sein Essen stehenläßt, am nächsten Tag kein Mittagessen erhält. Dieser Antrag geht nie durch. Immer wieder habe ich vorgeschlagen, alles Geld, das die Schüler während eines Trimesters geschickt erhalten, solle in eine gemeinsame Kasse kommen und gleichmäßig verteilt werden. Das wird immer abgelehnt; auch diejenigen, die von zu Hause am wenigsten Taschengeld kriegen, stimmen dagegen. Ich hoffe, daß diese Beispiele zeigen, daß unsere Demokratie kein Schwindel ist.

Verfolgen Sie die Schicksale Ihrer ehemaligen Schüler?

Nein. Aber vor einiger Zeit hat der Amerikaner Emmanuel Bernstein in *Id* einen Bericht über frühere Schüler veröffentlicht. Ich möchte mich mit denjenigen Schülern befassen, die sagten, sie hätten von der Schule nicht viel gehabt. Zu den kritischen Äußerungen, die Bernstein anführt, gehören folgende:

Vier sagten, es gebe nicht genügend Schutz gegen rücksichtslose Rowdies.

Drei erwähnten einen zu häufigen Lehrerwechsel.

Einer sagte, er sei zu sehr von anderen Kindern beeinflußt worden, die kein Interesse am Schulunterricht hatten.

Bernstein fügte hinzu: „Hier handelt es sich um wortkarge, schüchterne und zurückhaltende Naturen, sie waren so vor und nach ihrem Aufenthalt in Summerhill."

Ich kenne die Namen nicht. Ich kann nicht einmal vermuten, um wen es sich da handelt. Ich weiß nichts von ihrer Vergangenheit, von ihrer geistigen Begabung, von den Belastungen, die sie vielleicht zu tragen hatten. Ich kann nicht sagen, wie lange sie die Schule besuchten. Dennoch möchte ich zu ihrer Kritik Stellung nehmen.

Zu den Rowdies. Bei einem strengen Regiment wird man mit dem Rowdy leichter fertig, aber in einer freien Schule ist er wirklich ein Problem. Ich habe mir oft gesagt, daß einer, der Schwächere schlägt und schikaniert, nicht in unsere Schule gehört, aber ich habe nichts unternommen, vor allem weil ich keine Schule kannte, die für ihn in Frage gekommen wäre. Die vielen normalen Internatsschulen wollen keine Problemkinder aufnehmen.

Wir versuchen den Rowdy dadurch im Zaume zu halten, daß wir ihn in den Schulversammlungen anklagen und ihm zu verstehen geben, was die Allgemeinheit von ihm denkt. In ein oder zwei schlimmen Fällen mußte ich einen Rowdy von der Schule verweisen. Fälle von Rowdytum machen uns in Summerhill immer wieder zu schaffen, aber heute würde ich einen ausgesprochenen Rowdy nicht mehr hier behalten und ihn jahrelang die anderen tyrannisieren lassen.

Der häufige Lehrerwechsel hat sich auf die Kinder schlecht ausgewirkt. Seit wir den Lehrern ein anständiges Gehalt zahlen können, ist es viel besser geworden. Noch vor wenigen Jahren konnten die Lehrer es sich nicht leisten, lange bei uns zu bleiben.

Wenn ein früherer Schüler sagte, er sei durch andere Kinder beeinflußt worden, die kein Interesse am Unterricht hatten, dann berührt er einen wunden Punkt. Der Fall kommt immer wieder vor. Ein Junge oder ein Mädchen, die eine starke Stellung haben und jeden Unterricht hassen (gewöhnlich auf Grund schlechter Erfahrungen), können andere Kinder vom Unterricht abhalten.

Hier stellt sich eine Frage, auf die ich noch keine Antwort gefunden habe: Ist Summerhill für begabtere Kinder besser geeignet? Die weniger Begabten schließen sich leicht einer Clique an. Diejenigen, die den Unterricht schwänzen, sind oft jene Kinder, denen das Lernen schwerfällt. Die Versager, die Bernstein befragte, waren wohl diejenigen, die der Schule zum Vorwurf machten, daß sie nicht genügend gelernt haben. Vor vielen Jahren hatte ich eine Schülerin, die später, als sie verheiratet war, einen Besuch machte. Sie beklagte sich, daß Summerhill ihr Leben verpfuscht hätte, sie hätte nichts gelernt. Ich fragte sie, wer sonst in ihrer Klasse gewesen sei. Es waren darunter zwei Ärzte, zwei Dozenten, zwei Künstler, deshalb sagte ich: „Warum haben die etwas gelernt in Summerhill und du nicht?" Sie war nicht dumm, sie war ein kluges Mädchen.

Wir behalten die Jungen und Mädchen im Auge, die andere vom Unterricht abhalten wollen. Manchmal bringt ein Lehrer oder ein älterer Schüler so einen Fall vor die Schulversammlung. Die Betreffenden werden beschuldigt, gegen das Gesetz des freiwilligen Unterrichts zu verstoßen. Kein Lehrer würde ein Kind zum Unterrichtsbesuch anhalten, deshalb dürfe auch kein Schüler einen anderen vom Unterricht abhalten.

Bernstein stellte fest, daß die Mehrzahl der früheren Schüler mit ihrer Schule zufrieden war. Hier ein paar der positiven Äußerungen:

Acht waren der Meinung, daß ihnen die Schule eine gesunde Einstellung zur Sexualität gegeben habe.

Sieben sagten, sie hätten keine Angst vor Autoritäten (fünf dachten dabei an Lehrer in anschließenden Schulen).

Sieben waren der Auffassung, daß Summerhill ein Ort war, wo sie sich frei entfalten konnten.

Fünf meinten, ihre Erziehung habe ihnen geholfen, ihre eigenen Kinder besser zu verstehen und sie richtig zu erziehen.

Fünf meinten, sie hätten ihr Bedürfnis zu spielen so ausgiebig befriedigen können, daß sie sich später ernsthaften wissenschaftlichen Forschungen widmen konnten.

Drei sagten, daß sie der Schule ein aktives Interesse an ihrer Umwelt verdankten.

Zwei meinten, sie seien in die Lage versetzt worden, ihre Feindseligkeit und andere antisoziale Neigungen loszuwerden.

Ist Phantasie schlecht für ein Kind?

Bei meinem Gespräch mit dem Sohn Maria Montessoris, das auf Band aufgenommen und später in der amerikanischen Zeitschrift *Redbook Magazine* veröffentlicht wurde, gewann ich den Eindruck, daß Phantasie in seinen Augen etwas ist, das mißbilligt werden muß. Allem Anschein nach ergeht sich ein Kind in Phantasien, wenn es nichts zu tun hat, und wahrscheinlich hält Montessori die Onanie für eine Folge der Langeweile. Dann leiden alle Kinder an Langeweile. Was ist überhaupt Phantasie? Tagträume, Wunschdenken, eine Flucht, wenn Sie wollen, aber wir sind alle auf der Flucht, und wenn wir uns nur mit einem Filmstar identifizieren. Wir phantasieren alle in allen Lebensaltern. Bis vor kurzem hatte ich mir in der Phantasie ausgemalt, ein Mann wie Rockefeller würde meine Bücher lesen und uns eine Million Dollar schenken, aber diese Phantasie ließ mich die Realität meines Werkes nicht vernachlässigen. Der Erbauer der Forth-Brücke mußte sich in der Phantasie ein Bild von der Brücke gemacht haben, bevor er mit dem Bauen anfing. Mir schwebte die Phantasie vor, dieses Buch zu schreiben. Ich gebe gern zu, daß die meisten Phantasien nicht in Erfüllung gehen. Für mich ist der christliche Himmel eine Phantasie, die viele Menschen tröstet, besonders die Zukurzgekommenen. Humanisten phantasieren manchmal von einem irdischen Paradies, das es nicht gibt und wohl nicht so bald geben wird. Wenn wir alle also phantasieren, warum sollen dann Kinder nicht phantasieren? Man muß mir noch beweisen, daß Kinder, die mit Montessori-Material beschäftigt sind, niemals onanieren. Auch wer der Meinung ist, daß Phantasie dem Kind schadet, kann nicht viel dagegen machen. Wollte man sie abschaffen, so würden meine Englischstunden sehr langweilig, ohne Phantasie und Einbildungskraft wären die Aufsätze und Geschichten meiner Schüler nicht zum Aushalten.

Warum fluchen Ihre Schüler? Geht es nicht ohne Fluchen? Zeigen sie damit nicht, daß sie nicht gelernt haben, sich gut auszudrücken?

Fluchen hat nichts mit gutem oder schlechtem Englisch zu tun. Ich sage „bloody", wenn ich etwas infam finde; ich sage Hölle statt Hades, und meine Schüler sagen Scheiße statt Exkremente. Ich sehe nicht ein, warum die angelsächsischen Wörter unanständig sein sollen, ihre Ächtung ist wohl nichts anderes als Vornehmtuerei. Ein Gebildeter sagt Geschlechtsverkehr, ein Kanalarbeiter sagt Ficken. Aber auch viele Gebildete ziehen das einfache Wort vor. Man muß das Fluchen im Zusammenhang mit der Verdrängung sehen. Die unanständigen Wörter sind ein gesunder Protest gegen unsere obszöne Einstellung in allen sexuellen Angelegenheiten, so, wie unsere blasphemischen Ausdrücke ein Protest gegen die Pervertierung des Christentums sind. Für unsere Schüler gibt es keine sexuellen Tabus, trotzdem benutzen sie sexuelle Ausdrücke. Sie haben alle keinen Religionsunterricht, trotzdem werfen sie mit blasphemischen Ausdrücken um sich. Es ist übrigens seltsam, daß es bei uns verpönt ist, „My God!" zu sagen, während in Deutschland alle „Mein Gott!" und in Frankreich „Mon Dieu!" sagen.

Das Fluchen ist weiter nicht schlimm. Es ist drastische Sprache, aber es ist nicht so gemeint. Ein schottischer Bauer bezeichnet einen Schwätzer als „haverin' hoor" (Seichbeutel), während der gebildete

Schotte ihn einen „blethering bugger" (Quatschkopf) nennen würde. Es kommt nicht darauf an, was einer sagt, sondern darauf, was er ist und was er tut. Ich nehme an, daß der alte Churchill einen reichen Vorrat an Kraftausdrücken hatte. Wen regt das auf?

In diesen Zusammenhang gehört auch die Zote, sie ist das Ventil für eine Erziehung, die das Sexuelle verpönt hat. Ich glaube nicht, daß unsere Schüler an den üblichen Klowitzen Geschmack finden können. Ich habe beobachtet, daß unsere Kinder nie lachen, wenn in einem Film ein Nachttopf auftaucht und das ganze Kino vor Lachen wiehert. Sehr wenige Sexwitze sind lustig, die meisten sind unflätig. Hunderte davon habe ich in meinem Leben gehört und erzählt, aber im Augenblick fällt mir nur ein einziger ein, der lustig ist. Leider kann ich ihn nicht abdrucken, schade, denn er ist gar nicht pornographisch — meine Leser wollen bitte keine Anfragen an mich richten, um welchen Witz es sich da handelt.

Sie sagen, daß die Schüler Summerhills schöpferische Tätigkeiten anstreben. Wenn nun alle Schulen wie Summerhill wären, wer würde dann Kanäle reinigen, Kohlen abbauen und die anderen schmutzigen Arbeiten machen?

Eine sehr gute Frage, auf die es keine einfache Antwort gibt. Die Automatisierung wird einige Probleme lösen, aber auch ohne Automatisierung könnte ich mir eine Gesellschaft vorstellen, die diese Arbeiten auf alle verteilt. Ich habe in meinem Leben viele verstopfte Ablaufrohre gereinigt, ohne zu murren. Malcolm Muggeridge, der Star des englischen Fernsehens, könnte gut jeden Tag eine Stunde lang Straßen kehren, in der übrigen Zeit könnte er genügend Opfer fürs Fernsehen interviewen. Leider wird es dazu nicht kommen, es wird weiterhin Menschen mit öden Beschäftigungen geben. Eine Lösung wäre, sie besser als — sagen wir — einen Lehrer oder Arzt zu bezahlen. Shaw befürwortete gleiche Einkommen für alle. Das ganze System müßte geändert werden. Es gibt heute viel mehr Erdarbeiter als Ärzte und viel mehr ungelernte Arbeiter als gelernte. Wir müßten unsere Bewertungsmaßstäbe ändern. Vor vielen Jahren sprach ich im Rundfunk zwanzig Minuten lang über Erziehung. Ich erhielt dafür vier Pfund. Eine Woche darauf sang Sir Harry Lauder Lieder, ebenfalls zwanzig Minuten lang. Wie ich hörte, erhielt er dafür achthundert Pfund. Ein Popsänger kann für einen Auftritt tausend Pfund bekommen, aber wenn ich im Fernsehen auftrete, bekomme ich höchstens fünfundzwanzig. Die Bewertung richtet sich nach der Popularität und, wie man an der Verleihung des Empire-Ordens an die Beatles sieht, danach, wieviel Devisen man einbringt. In Rußland verdient ein Schriftsteller, Schauspieler oder Orchesterdirigent viel mehr als ein Mechaniker in einer Fabrik. Sowohl in kapitalistischen wie in sozialistischen Staaten wird nach der Popularität bezahlt.

Die Massen, die die niedrigen Arbeiten verrichten, haben keine Popularität und werden nicht gut bezahlt. So müßten wir eigentlich zu Shaws Forderung zurückkehren, daß jeder Arbeiter den gleichen Lohn erhält. Wenn die Einstellung eines Menschen zum Leben richtig ist, dann ist die Art der Tätigkeit nicht mehr so wichtig. Einer unserer früheren Schüler war Busschaffner, und er war sehr unglücklich, als er seinen Beruf aus gesundheitlichen Gründen aufgeben mußte. Das Zusammentreffen mit so vielen Menschen machte ihm Spaß. Ein früherer Schüler, der Maurer ist, ist in seinem Beruf glücklich. Einige frühere Schüler sind Bauern; gewiß, sie sind ihre eigenen Herren, aber sie machen auf ihren Höfen auch viele Dreckarbeiten. Ich muß zugeben, daß das Problem nicht leicht zu lösen ist. Ich schlage kürzere Arbeitszeiten und bessere Bezahlung vor.

Wie reagieren Ihre weißen Schüler auf farbige Kinder?

Sie zeigen überhaupt keine Reaktion; sogar die Kleinsten scheinen von der Hautfarbe keine Notiz zu nehmen. Der Haß auf den Gesichtern weißer Kinder, die in Little Rock schwarze Kinder mit Steinen bewerfen, ist ein Haß, der ihnen in frühen Jahren von haßerfüllten Eltern eingeimpft worden ist.

Ein Besucher fragte mich, wie ich mich dazu stellen würde, wenn ein weißes Mädchen einen Neger heiraten wollte. Wahrscheinlich wäre ich etwas besorgt, nicht wegen der Heirat, sondern wegen der Kinder, denn in unserer Gesellschaft muß sich ein Mischling zurückgesetzt vorkommen. Aber ich bin sicher, daß es in unserer Schule niemand stören würde, wenn ein Mädchen eine Mulattin wäre. So ist es auch mit dem Antisemitismus. Wir haben jüdische Kinder in Summerhill, das ist ganz selbstverständlich; die Kinder wissen nicht einmal, wer Jude ist. Da fällt mir ein, daß mir einmal nach einem Vortrag in New York der Vorwurf gemacht wurde, ich sei Antisemit. Ein paar junge Juden und Jüdinnen waren über mich verärgert. Ich fragte nach dem Grund. „Weil Sie in Ihrem Vortrag gesagt haben, Sie hätten ein jüdisches Mädchen aus Wien."

„Aber ich sprach doch auch von einem spanischen Mädchen aus Madrid", sagte ich.

„Das ist was anderes. Spanisch ist eine Nationalität, jüdisch dagegen nicht. Deswegen sind Sie ein Antisemit."

„Aber kann ich nicht sagen, daß Freud ein großer Jude war?"
„Nein, das geht nicht. Sie können nur sagen, daß Freud ein großer Mann war."

Es war mir ein Rätsel, und es ist mir nach zwanzig Jahren noch immer ein Rätsel.

Wie behandeln Sie in der Schule Krankheiten?

Dafür ist Ena, meine Frau, zuständig. Wenn ein Kind Fieber hat, steckt sie es ins Bett und gibt ihm vierundzwanzig Stunden lang nichts als mit Wasser verdünnten Zitronen- oder Orangensaft. Wenn die Temperatur nicht heruntergeht, ruft sie den Arzt. Der allgemeine Gesundheitszustand ist gut. Vor über dreißig Jahren bauten wir eine Krankenstation, aber wir haben sie nur einmal benutzt; heute dient sie den Jüngeren als Schlafsaal.

Natürlich halten wir uns bei Krankheiten an die Wünsche der Eltern. Im Laufe der Zeit hatten wir Kinder von Anhängern der Homöopathie, der Naturheilkunde und von solchen, die an Arzneimittel und Spritzen glaubten, und wir bemühen uns, die Kinder so zu behandeln, wie es die Eltern wünschen. Amerikanische Kinder bekommen mehr Spritzen als unsere einheimischen. Eine ganze Anzahl Schüler sind gegen Tetanus geimpft, denn East Suffolk ist eine berüchtigte Gegend für Tetanus.

In Fragen der Gesundheit und Krankheit befindet sich der Laie in einer ungünstigen Lage. Er hat nicht das Wissen, um sich eine objektive Meinung zu bilden. Persönlich neige ich zur Naturheilkunde, weil sie den Körper durch richtige Ernährung, Wasserkuren und gesunde Lebensweise gegen Krankheit schützen will; sie versucht den Leuten zu sagen, wie sie leben sollen, damit sie nicht krank werden. Aber hier tauchen schwierige Fragen auf. Wie schädlich für die Gesundheit sind Tabak, Alkohol, Zucker, Torten? Andererseits kann man die Frage stellen, welche Gefahren Arzneimittel mit sich bringen. Contergan ist ein warnendes Beispiel. Wie ist es mit Cortison? Einige sagen, es könne zu Herzkrankheiten führen. Wie soll sich der Laie zu Arzneimitteln stellen, wenn er so wenig darüber weiß? Und auch die Fachleute kennen die Spätwirkungen nicht: zwei Generationen haben Phenazetin genommen, und jetzt sagen Berichte, daß es gefährlich ist. Was sind die Folgen eines ständigen Gebrauchs von Aspirin? Um sicherzugehen, sollten wir bei Kindern mit Arzneimitteln vorsichtig sein. Ich habe festgestellt, daß eine ganze Anzahl befreundeter Ärzte Bedenken tragen, ihren eigenen Kindern irgendwelche Arzneimittel zu geben.

Nehmen Sie zum Beispiel die Milch. Jahrelang tranken unsere

Schüler Milch, die direkt von der Kuh kam, ob es in Deutschland, Österreich, Dorset, Wales oder Suffolk war. Aber jetzt gibt es nur noch pasteurisierte Milch. Wieder kann sich der Laie kein Urteil erlauben. Ich weiß nur, daß pasteurisierte Milch nicht richtig schmeckt und daß sie nicht sauer werden kann; sie wird nur schlecht. Es kann durchaus sein, daß an der Tuberkulose, die man auf unbehandelte Milch zurückführte, bei armen Kindern die Unterernährung schuld war. Wir sind immer in den Händen der Spezialisten. Viele wenden sich gegen die Fluorisierung des Trinkwassers durch Gemeinden. Man will dadurch der Zahnkaries Einhalt gebieten. In einem Brief, den der *Daily Telegraph* heute veröffentlicht, heißt es: „Dr. McLaughlin, Gesundheitsdirektor in Rhode Island, sagte, er sei überzeugt, daß die Fluorisierung des Trinkwassers über längere Zeiträume zu einer chronischen Fluorvergiftung führe, die etwa mit der Bleivergiftung vergleichbar ist." In dem Brief wird weiter festgestellt, daß in der Stadt Kilmarnock in Schottland nach fünf Jahren Fluorisierung die Zähne der Fünfjährigen schlechter sind als in einer vergleichbaren Stadt ohne Fluorisierung wie Sutton in Surrey.

Ich erwähne diese Sache, die mit Summerhills Prinzipien der Ernährung nicht unmittelbar zu tun hat, nur deswegen, um zu zeigen, wie hilflos Lehrer und Eltern angesichts der Uneinigkeit der Experten über Ernährung, Wasser und Gesundheit sind. Wir können einfach nicht mehr unverfälschte Nahrungsmittel und reines Wasser bekommen, wie wir es gern möchten, denn wir haben keinen Einfluß auf die Verwendung von Insektengift und Kunstdünger; wir können auch nichts gegen das Fallout von Strontium 90 tun. Wenn ich ein Geschäft eröffnen wollte, dann wäre es ein Laden, wo ich mit Gewinn all die für die Gesundheit guten Sachen verkaufen würde, die die Nahrungsmittelindustrie wegwirft — Weizenkeime, unpolierten Reis, Zuckersirup und mit Kompost gezogenes Gemüse.

An Summerhill wird immer wieder bemängelt, daß die Kinder nicht genügend Bildungsmöglichkeiten haben, besonders was Bücher betrifft. Warum gibt es keine gute Bibliothek?

Das sagte mir eine Lehrerin, die unsere Schule besuchte. Ich führte sie in unsere Schulbücherei, und nach zwei Minuten sagte sie: „Jetzt kann ich diese Geschichte begraben. Ihre Bibliothek ist gut." Schadenfroh, wie ich einmal bin, zeigte ich auf die vielen Bücher, die nie gelesen werden: Scott, Dickens, Lambs Essays, Macaulays Essays, Gibbon, Pepys, sogar O. Henry, von dem meine amerikanischen Schüler anscheinend nie etwas gehört haben. Sehr gefragt sind moderne Romane und Science-fiction, ebenso Reisebeschreibungen und naturwissenschaftliche Bücher. Kinderlexika werden fleißig gelesen. Es ist die alte Geschichte: Man kann das Pferd ans Wasser bringen, aber man kann es nicht zwingen, daß es trinkt. Aber seien wir nicht ungerecht gegen die Kinder: Haben nicht viele von uns in ihren Regalen Bücher stehen, die sie nie gelesen haben und nie lesen werden? Ich werde nie wieder Freud lesen oder Jung oder Adler oder Stekel, und auch nicht mehr Damon Runyon. Dreiviertel der meisten Privatbibliotheken könnten ins Feuer wandern, und ihre Besitzer würden nichts vermissen. Bücher, ob man sie schreibt oder ob man sie liest, sind Meilensteine an einer Einbahnstraße — ich werde dieses Buch nie mehr lesen, nachdem ich die Korrekturbogen durchgesehen habe. Sie hindern uns am Wachstum. Ich möchte einmal wissen, wie viele Autoren ihre eigenen Bücher lesen können.

Als ich einmal mit einigen der besten norwegischen Künstler beim Essen saß, fragte ich sie, ob sie ihre eigenen Werke sehen könnten. Die meisten gaben zu, sie könnten ihre neuen Werke nicht sehen, dagegen mache es ihnen Spaß, Bilder zu betrachten, die sie vor Jahren gemalt hatten. Bei der Malerei scheint das möglich zu sein, aber ich bin oft froh, daß viele meiner Bücher schon lange vergriffen sind.

Alles, was eine Schule tun kann, ist, eine so gute Büchersammlung, wie sie sich nur leisten kann, aufzustellen, wobei man natürlich vom Standpunkt der Schüler ausgehen muß, und das tun wir in Summerhill. Ich glaube, daß die Ladenhüter meistens Geschenke von Eltern und Besuchern sind, die uns alle die Bücher schicken, mit denen sie selbst nichts anfangen können. Aber sie nehmen sich sehr dekorativ aus. Um schließlich eine ketzerische Frage zu stellen: ist denn Lesen wirklich so wichtig? Man kann ein tätiges und glückliches Leben führen, ohne je Proust gelesen zu haben, oder Lawrence, Milton, Thackeray oder — zögernd füge ich es hinzu — Shakespeare. Was ich damit sagen will, ist folgendes: Wir machen nur den Bildungsschwindel mit, wenn wir auf das, was ein Kind liest oder nicht liest, so großen Wert legen. Ich kannte eine Schriftstellerin, deren Werke wohl unvergänglich sind. Sie las alles, was ihr in die Finger kam, die Klassiker, Historisches, Biographien, ebenso Earl Stanley Gardner und Raymond Chandler. Sie erzählte mir, alles mache ihr gleichermaßen Spaß. Bildung kann man nicht einfach verabreichen; jeder muß von sich aus dazu finden. Deswegen reicht unsere Bibliothek von ‚The Quintessence of Ibsen' bis zum neuesten Krimi. Ich muß mich beeilen und die Seiten von Shaws Ibsenbuch aufschneiden, für den Fall, daß es ein literarisch interessierter Besucher aus dem Regal nehmen sollte.

Wie stellen sich die Schüler zum Fernsehen?

Vor einiger Zeit wollte die Summerhill-Gesellschaft der Schule einen Fernsehapparat schenken. Ich brachte es vor die Schulversammlung, und zu meiner Überraschung lehnte sie das Angebot mit großer Mehrheit ab. Einige der Älteren sagten, daß die gemeinsamen Aktivitäten, Spiele, Debatten, Volkstänze usw., darunter leiden würden. Die Jüngeren meinten, wenn ein Fernsehapparat da wäre, gäbe es dauernd Streit, welches Programm man einschalten solle. Und ich hatte schon Angst, ich würde eine Schule von passiven Fernsehern haben. Bei dieser Versammlung äußerten die Lehrer keine Meinung und stimmten auch nicht mit ab.

Es klingt seltsam, daß es Kinder gibt, die kein Fernsehen haben wollen, aber noch seltsamer ist es, daß sie auch kein Interesse daran haben, fürs Fernsehen aufgenommen zu werden. Es geht ihnen wie mir, sie finden das technische Drum und Dran langweilig – es gibt lange Wartezeiten, bis die Kameras aufgebaut sind, noch längere, bis es mit der Beleuchtung klappt. Man sollte annehmen, daß alle Kinder sich gern auf dem Bildschirm sehen würden. Nur einmal fand eine Sendung, in der sich alle Kinder sehen konnten, Anklang. Die Vorstellung, alle Kinder seien Exhibitionisten, muß bezweifelt werden; in unserem Zeichensaal, wo selten ein Kind ein Bild mit seinem Namen versieht, zeigt sich das Gegenteil.

Ich verstehe es, wenn sie nicht gern fürs Fernsehen aufgenommen werden wollen. Die paar Male, wo ich selber im Fernsehen auftrat, habe ich als sehr lästig empfunden. Man kommt um sechs ins Studio und hängt dann bis Mitternacht herum; nichts scheint vorbereitet zu sein, oder man muß warten, bis eine andere Sendung aufgenommen ist.

Die Firmen zahlen riesige Summen für ihre Fernsehreklame. Als das Fernsehen vor einigen Jahren einen Film über uns drehte, sagte der Regisseur zu mir: „Sie erhalten damit umsonst eine Reklame, die 7000 Pfund wert ist." Millionen sahen den Film, aber wir erhielten daraufhin nicht eine einzige Anfrage. Wie viele Leute Protestbriefe gegen die Sendung schrieben, weiß ich nicht.

Das Fernsehen ist nun einmal da, und es hat keinen Zweck, diese Tatsache zu bedauern. Vom pädagogischen Standpunkt aus habe ich Bedenken, denn es leistet der Passivität, der Berieselung mit Tatsachen, der Effekthascherei und der Brutalität Vorschub. Auch Bilder von Polizeiaktionen gegen Demonstranten und Neger sind für kleine Kinder schädlich, sie kriegen oft Angst, wenn sie diese Bilder sehen. Die Behörden haben jedoch meiner Meinung nach nicht recht, wenn sie für die Verbrechenswelle die Gewalttätigkeit im Kino und im Fernsehen verantwortlich machen. Diese Gewalttätigkeit macht ein Kind nicht zum Sadisten oder Verbrecher; sie kann höchstens Anregungen geben über die Art, wie man ein Verbrechen begehen kann. Immer wieder liest man, daß ein Jugendlicher mit geringer Intelligenz und verminderter Verantwortlichkeit ein Verbrechen begangen hat, nachdem er es zuvor auf dem Bildschirm gesehen hatte. Ein russischer Besucher erzählte, daß in Rußland die Darstellung von Gewalttätigkeit in Filmen und Büchern verboten sei. In England unterscheiden wir zwischen verschiedenen Arten von Gewalt; es dürfen Filme gezeigt werden, in denen Männer einander ins Gesicht schlagen, Frauen herumstoßen und ihren Feinden Messer in den Leib bohren, aber, soviel ich weiß, läßt die Zensur einen Film über einen spanischen Stierkampf nicht zu.

Nicht alles, was man da auf dem Bildschirm sieht, ist gewalttätig und brutal. Ein guter Western ist trotz seiner Schießereien nicht brutal, es ist unglaublich, wie oft der Held danebenschießt. Wahrscheinlich liegt es daran, daß die Gestalten eines Western ebenso wie die Gestalten der meisten Krimis gar nicht leben; es sind Gliederpuppen, und die Kinder können offenbar kein Mitgefühl für sie empfinden. Der Schurke stirbt, und niemand vergießt eine Träne. Dagegen sind über den Tod Hamlets, Lears, Othellos oder der Garbo in der ‚Kameliendame' viele Tränen vergossen worden. Bei dem schmerzlichen Schluß der ‚Lichter der Großstadt' steigen mir immer ein paar Tränen in die Augen, und es gefällt mir nicht, wenn Charlie in seiner Autobiographie schreibt, Wissenschaftler seien sentimental, weil er Einstein bei der Premiere die Augen wischen sah. Nun, solange das Fernsehen Gestalten zeigt, die nicht leben, dürfte es bei Kindern nicht viel Schaden anrichten.

Das Schulfernsehen ist von zweifelhaftem Wert, denn es bringt es mit sich, daß sich die Schüler oft nur wie Schwämme mit Tatsachen vollsaugen. Es hat alle Fehler des Lehrers: es doziert, vermittelt Informationen, alles spielt sich zu sehr auf der Ebene des Verstandes ab, unter Ausschluß des Gefühls. Viele gute Sendungen gibt es nach den Schulstunden – Reiseberichte, Unterwasserfilme, Skisport, Leichtathletik. Das bringt mich auf eine andere Frage.

Haben die Schüler in Summerhill genügend Spielraum, um ihre Abenteuerlust auszuleben?

Ja und nein. Das hängt von dem einzelnen Kind ab. Ich hatte manchmal Jungen, denen das Schulgelände viel zu langweilig war; einmal schickten wir einen abenteuerlustigen Jungen nach Texas, wo er auf der Farm reiten lernte, er kam als guter Reiter und viel ruhiger zurück. Unsere beschränkten Möglichkeiten hängen mit der geographischen Lage zusammen. In Österreich waren wir den ganzen Winter auf Skiern. Viele Jungen und Mädchen hätten es gern, wenn die Möglichkeit zum Rudern oder Segeln, zu Kletterpartien, zum Ski- und Schlittschuhlaufen gegeben wäre, aber im flachen Suffolk haben wir keine Felsen, und auch wenn wir einmal Schnee haben, kann man in der Ebene nicht Ski oder Schlitten fahren. Rudern und Segeln wäre möglich, da die See nur zwei Meilen weg ist, aber dazu wären erfahrene Wassersportler und Rettungsschwimmer nötig, sonst könnten wir nachts nicht ruhig schlafen.

Ich habe oft von einer Robinsoninsel geträumt, wo die Jungen im Bandenalter ihrer Abenteuerlust frönen könnten, aber sofort sah ich, daß sich die Älteren dabei zu Tode langweilen würden. Bewegungen wie Boy Scouts und Outward Bound sind auf dem rechten Weg, aber ihr Wert wird durch den Führergedanken, die Einrichtung des Pfadfinderführers, wieder eingeschränkt. Ich hatte einmal einen solchen Mann als Lehrer; er war voller Energie und Unternehmungslust.

„Auf, Leute, wir bauen ein Boot!"

Meine Jungen gingen auf seine Vorschläge nicht ein, weil sie gewohnt waren, selbst zu entscheiden, was sie bauen wollten. Freie Kinder wollen keine Führer. Natürlich kann man nicht bestreiten, daß diese Freiluftbewegungen von großem Wert sind, besonders wenn dadurch Stadtkinder aufs Land kommen. Ich weiß nicht, ob es bei ihnen irgendwelche Selbstregierung gibt. Die ursprüngliche Forderung, daß ein Pfadfinder jeden Tag eine gute Tat verrichten müsse, stammt gewiß nicht von den Jungen.

Vor beinahe fünfzig Jahren saß ich mit Sir Robert Baden-Powell, dem Gründer der Pfadfinderbewegung, beim Essen. Ich fragte ihn, ob er schon diese Geschichte über sich gehört habe: Um Mitternacht stellte er mit Schrecken fest, daß er seine gute Tat an diesem Tag noch nicht getan hatte. Da kam ihm eine Idee. Er öffnete den Vogelkäfig und gab den Kanarienvogel der Katze. Wenn ich mich recht erinnere, war sein höfliches Lächeln etwas gequält.

Abenteuer ohne Moral, ohne Führung, ohne Zwang, das wäre großartig. In Summerhill haben wir alle diese Dinge nicht, aber leider auch nicht viel Abenteuerliches. Alles, was wir zu bieten haben, sind Bäume, auf die man klettern kann; an den drei Sommertagen, die es heutzutage noch gibt, die See zum Schwimmen; Radtouren, das Graben von Löchern und der Bau von Baumhütten. Doch wir sind darin hundertmal besser dran als Tausende von kasernenähnlichen Schulen in den Städten.

Heute morgen erhielt ich einen Brief aus Amerika, der zeigt, wie man es nicht machen soll. Es handelt sich um ein dreiwöchiges Ferienlager für Jungen aus einem Elendsviertel.

„Die Lagerleitung ist der Auffassung, daß die Kinder angespornt werden sollen, Neues zu unternehmen. Wenn sie sich selbst überlassen wären, würden sie nur den ganzen Tag Baseball spielen und Comic-Hefte lesen. Ich habe den ganzen Sommer gegen die Leitung gekämpft und meiner Gruppe soviel Freiheit wie möglich gelassen, aber es war sehr schwierig. Die Jungen streiten dauernd miteinander; manche würden sich ernsthaft verletzen, wenn man es nicht verhinderte. Meine Gruppe wird beständig von andern mit Steinen und Kieseln beworfen. Sie fluchen fortwährend, weil ich nichts dagegen mache. Ich bin erschöpft und niedergeschlagen, weil ich weiß, daß man in drei Wochen nichts erreichen kann, und sie werden wieder nach Hause zurückkehren, wo ihnen alles verboten ist, was sie gerne täten. Wenn sie hier ankommen, fürchten sie sich vor fast allem – vor der Dunkelheit, vor Nachtfaltern, vor dem Wasser. Sie sind destruktiv, feindselig, grausam und unglücklich, und dieses Lager, das von wohlmeinenden, aber unwissenden Lehrern geleitet wird, setzt nur die falsche Behandlung fort, die sie zu Hause erfuhren. Sie müssen die Vorgesetzten achten, dürfen nie allein weggehen, nie unbeaufsichtigt gelassen werden. Zur Pädagogik des Lagers gehört, daß sie sich zuerst in eine Gruppe einfügen müssen, bevor sie als einzelne etwas tun können."

Alles ist da verkehrt, aber ich frage mich, ob selbst ein Homer Lane bei solchen Kindern in drei Wochen hätte etwas erreichen können. Ich weiß nur, daß er beim Baseball mitgespielt und seine Felsbrocken weiter als alle anderen geschleudert hätte. Die Moral dieser traurigen Geschichte ist, daß es keinen Zweck hat, das Abenteuer der Freiheit mit den Übeln des häuslichen und schulischen Zwangs zu verbinden. Die Wohlmeinenden sollten sich klarmachen, was sie tun, sonst wird der Weg zur Hölle weiterhin mit guten Vorsätzen gepflastert sein.

In meinen Augen ist es unfair, daß ich in Summerhill nicht aufgenommen werde, nur weil ich schon fünfzehn bin. Ich bin ein normales Mädchen und bin sicher, daß ich mich in das System leicht einfügen könnte.

Wir haben die Altersgrenze für neue Schüler auf zwölf Jahre festgesetzt, und wenn ich genug Geld hätte, würde ich keine neuen Schüler über sieben nehmen. Es ist nicht eine Frage der Fairness, sondern einfach der Erfahrung. Fast alle Kinder, die neu in die Schule kommen, haben und machen am Anfang Schwierigkeiten; fast alle Kinder müssen eine ganze Anzahl von Verdrängungen loswerden, die sie von

Zuhause und von anderen Schulen mitbringen. Bei kleinen Kindern ist das nicht so schlimm, aber wenn man Jungen oder Mädchen im Pubertätsalter hat, die andauernd über die Stränge schlagen, wird das für die Gemeinschaft manchmal zuviel.

Ein typischer Fall. Jim kommt mit fünfzehn von einer strengen Schule. Nie in seinem Leben hat er einen Hauch wirklicher Freiheit verspürt; immer mußte er den artigen Jungen spielen; wenn er mit einem Lehrer sprach, waren Stimme und Benehmen heuchlerisch. Jede Initiative, die er einmal hatte, ist verlorengegangen. In einer Schule, wo der Unterricht freiwillig ist, ist er hilflos. Er möchte, daß man ihm sagt, was er wann tun soll. Er ist unaufrichtig; zuerst versucht er, die Lehrer durch übertriebene Artigkeit für sich einzunehmen, und nach einigen Wochen schlägt diese in Frechheit um. Er kann nicht begreifen, daß die Gemeinschaft ihre eigenen Gesetze macht; er spottet darüber nur und sieht nicht ein, warum er sich an diese Gesetze halten soll. Er verfolgt Schwächere, wenn er jetzt keine Bestrafung durch die Lehrer mehr fürchten muß. Er zerstört Einrichtungsgegenstände und stiehlt.

Ich schildere da einen extremen Fall, aber es ist ein wahrheitsgetreues Bild eines bestimmten Jungen. An einen Vater mußte ich schreiben: „Sie werfen Ihr Geld zum Fenster hinaus. Ihr Sohn ißt und schläft in der Schule, aber die ganze übrige Zeit verbringt er bei einer jugendlichen Bande in der Nähe. Er kommt nicht einmal zu den Samstagversammlungen unserer Selbstregierung."

Ich gebe zu, daß meine veränderte Haltung etwas mit meinem Alter zu tun hat. Vor fünfzig Jahren waren die meisten meiner Schüler von anderen Schulen verwiesen worden, einige von Public Schools. Viele stahlen und machten alles kaputt. Ich war damals jünger und habe dabei viel gelernt. Die normalen und die jüngeren Kinder litten unter ihrer Tyrannei, ihren Diebereien und dem allgemeinen antisozialen Verhalten, aber andererseits lernten sie Nachsicht und Toleranz. Sie wurden nicht selber zu Missetätern. Es ist wohl eine Täuschung, daß antisoziale Kinder die anderen verderben. Gewiß kann ein fünfzehnjähriger Neuer aus Jüngeren eine Bande bilden, aber er hat keinen dauernden Einfluß auf sie.

Wenn ein Junge oder Mädchen erst als Teenager zu uns kommt, fehlt es in der Regel an einer gesunden Einstellung zur Sexualität. Vor Jahren pflegten wir am frühen Morgen ein kurzes Bad in unserem Ententeich zu nehmen. Keiner von uns trug einen Badeanzug. Eines Morgens kamen drei ältere Mädchen im Badeanzug. Ich fragte sie nach dem Grund. „Die zwei neuen Jungs von der Public School haben sich gestern morgen hingestellt und uns angestarrt." Ich möchte gleich hinzufügen, daß wir keine Nudistenkolonie sind. Vor dreißig Jahren schloß niemand eine Badezimmertür ab, und man konnte oft sehen, wie sich ein größerer Junge und ein Mädchen unterhielten, während einer von ihnen in der Badewanne saß. Das kommt heute nicht mehr vor. Ich vermute, daß die Aufnahme von älteren Schülern vor ein paar Jahren unsere natürliche Einstellung zur Nacktheit verändert hat.

Ich erinnere mich, daß wir vor einigen Jahren eine Lehrerin hatten, eine Katholikin, die mit ihrer Kirche gebrochen hatte. Sie fragte mich, ob ich an einer Badezimmertür einen Riegel anbringen könne, weil ihr ihre Erziehung in der Klosterschule immer noch nachgehe und sie sich nicht nackt sehen lassen könne. Ich brachte den Riegel an. Zwei Stunden später beseitigten drei Mädchen ihn wieder und wuschen mir wegen meiner Intervention gründlich den Kopf. Später machte es der Dame nichts mehr aus, wenn man sie beim Baden sah.

Um es zusammenzufassen: Wir finden es zu beschwerlich und verdrießlich, ältere Schüler aufzunehmen, die dann ihre Komplexe ausleben. Nicht alle tun das, aber das stellt sich erst heraus, wenn sie da sind, und was unsere zahlreichen amerikanischen Schüler angeht, so sehen wir sie zum erstenmal bei ihrem Eintreffen. Tut mir leid, kleines Fräulein.

Hat Summerhill auch Mißerfolge zu verzeichnen?

Jede Schule hat Mißerfolge zu verzeichnen. Von den Schülern, die mindestens sieben Jahre in der Schule waren, ist mir nur ein Fall bekannt geworden, daß ein früherer Schüler nicht fähig gewesen ist, einen Beruf auszuüben. Wir hatten mehrere Jungen und Mädchen, die mit vierzehn noch nicht lesen konnten. Ich weiß nicht, was daran schuld war. Für diejenigen, die es wünschen, gibt es jeden Tag Unterricht. Der eine besucht ihn jahrelang regelmäßig und besteht danach seine Prüfung, ein anderer verschmäht alle Stunden und möchte unwissend bleiben. Zwei Jungen konnten, als sie mit sechzehn die Schule verließen, kaum lesen und schreiben, sie haben heute mit fünfzig gute Berufe. Deswegen gebe ich bei zurückgebliebenen Schülern die Hoffnung nie auf, aber das mag auch einen persönlichen Grund haben, denn ich war in der Schule immer unter den Letzten.

In einigen Fällen kann man die Ursache des Scheiterns erraten. Ein adoptiertes Mädchen, das die Frage nach ihrer Herkunft nicht losließ, konnte sich nicht aufs Lesen und Schreiben konzentrieren. Der Sohn eines ehrgeizigen Lehrers, der aus seinen Kindern Gelehrte machen wollte, hatte möglicherweise eine so ablehnende Haltung zu ihm, daß es ihm ganz unmöglich war, das zu tun, was er nach dem Willen seines Vaters tun sollte. Ein anderer Junge hatte einen Vater, der immer auf ihm herumhackte. „Du bist auch zu gar nichts nütze. Als ich in deinem Alter war..." Der Junge war überzeugt, daß er nichts recht machen konnte, wozu es also versuchen? Es sieht so aus, als halte ein tiefes Gefühl der Unzulänglichkeit einige Kinder davon ab, auch nur die Anfangsgründe zu lernen. Eltern sollten sich davor hüten, ihren Kindern das Gefühl zu geben, daß sie nichts taugen. In einigen Fällen kann es natürlich auch die umgekehrte Wirkung haben.

„Mein Vater denkt, ich bin ein Versager; ich werde ihm zeigen, daß ich keiner bin." Aber solche Fälle sind wahrscheinlich nicht so häufig.

Und wir müssen auch die Begabung berücksichtigen. Manche sind der Auffassung, einer sei so gescheit wie der andere, so, wie manche Musiker meinen, alle seien in gleichem Maße musikalisch. Ich kann das nicht glauben. Es gibt Schüler, die schwer von Begriff sind und nur mühsam lernen, sie sind sehr oft handwerklich begabt. In der Tat, wenn ich an unsere Versager beim Lesen denke, so hatten sie alle, wenigstens die Jungen, sehr geschickte Hände und waren an Holz- und Metallarbeiten interessiert. Einige sind heute erfolgreiche Ingenieure.

Seltsamerweise ist es bei Mädchen seltener, daß sie nicht lesen und schreiben lernen; wenigstens ist das unsere Erfahrung in Summerhill. Ich weiß nicht, warum das so ist. Es kann nicht daran liegen, daß sie nicht wie Jungen von Schrauben und Werkzeugen in Anspruch genommen sind.

Soviel über Mißerfolge beim Lernen. Haben wir auch Mißerfolge im Charakterlichen? Stiehlt ein jugendlicher Dieb auch noch, nachdem er ein paar Jahre in der Schule war? Nein, vorausgesetzt, daß er früh genug kommt, sagen wir mit elf. Bleibt ein Rowdy ein Rowdy? Leider bleiben einige Rowdies, bis sie mit fünfzehn oder sechzehn die Schule verlassen. Bleibt ein Kind, das voller Haß nach Summerhill kommt, während seiner ganzen Schulzeit bei seinem Haß? Das kommt kaum einmal vor, so daß ich wiederholen kann, was ich schon oft gesagt habe: Freiheit heilt die meisten Übel. Wie ich schon gesagt habe, kann sie ein Kind, dem in den ersten Jahren Liebe gefehlt hat, nicht vollständig heilen, aber sie heilt diejenigen Kinder, in denen einige Jahre strenger Disziplin zu Hause und in der Schule Haß und Angst gezeitigt haben.

Wer soll beurteilen, was ein Mißerfolg ist? Ein Junge oder ein Mädchen kann in der Schule versagen und sich später im Leben bewähren. Die Geschichte liefert viele Beispiele, im Augenblick fallen mir nur Einstein, Conan Doyle und Churchill ein. Wir müssen uns auch fragen, wie weit an dem Versagen in der Schule die Lehrpläne schuld sind. Bei meinen Schülern bin ich immer optimistisch, was zum Teil daran liegt, daß es mir gleichgültig ist, ob sie beruflich Karriere machen. Es erfüllt mich mit Befriedigung, wenn ich sehe, wie aus unglücklichen Kindern, die voller Haß und Angst sind, glückliche Kinder werden, die den Kopf hoch halten. Ob sie Professor oder Klempner werden, ist für mich nicht so wichtig, denn ich glaube, daß sie, unabhängig von ihrem Beruf, ein gewisses Gleichgewicht und Freude an sich selber erlangt haben.

Gibt es in Summerhill Hausaufgaben? Wenn es keine gibt, wie sollen die Kinder dann Prüfungen bestehen?

Wir haben keine Hausaufgaben, aber gelegentlich bittet ein Schüler den Lehrer um besondere Aufgaben. Ich bekomme Dutzende von Briefen, in denen sich Schulkinder über ihre Hausaufgaben beklagen. Ein Mädchen schreibt, daß sie jeden Abend vier Stunden dazu braucht. Diese Quälerei der Kinder ist kriminell. Wir alle wissen, daß die Prüfung der Moloch ist, dem das Leben und das Glück des Kindes geopfert werden, die unheilvolle Prüfung, die genau gesehen sinnlos ist, nur Unglück bringt und dazu führt, daß das wirkliche Lernen gehaßt wird.

Die Prüfungen sind einmal da, und wir kommen nicht um sie herum. Sie beherrschen die Jugend. Unverheiratete Priester bestimmen darüber, ob die Pille benutzt werden darf; Professoren und Schulbeamte, die oft keine Ahnung von der Natur des Kindes haben, bestimmen über unsere Kinder. Wenn jedoch ein Kind frei ist, wird es die albernen Prüfungen auch bestehen, ohne seine Abende dem Lernen zu opfern. Sechs Stunden Schule jeden Tag sollten genügen, um all das zu lernen, was ein Kind lernen muß. Wenige Schriftsteller, wenige Maler, wenige Musiker schreiben, malen und musizieren jeden Tag sechs Stunden. Ein bekannter Schriftsteller berichtet stolz, daß er jeden Tag tausend Worte schreibt. Der Künstler schreibt oder malt oder musiziert, weil er schöpferisch ist, weil er sich ausdrücken muß; aber bei dem armen Schüler, der über einem langweiligen Geschichts- oder Mathematikbuch hockt, kann von schöpferischer Tätigkeit und Freude nicht die Rede sein. Er ist der Meinung, daß er eine verhaßte Arbeit machen muß. Und er hat recht.

Wenn Kinder die Freiheit haben, ihr Leben selber einzurichten, können sie die schändliche Arbeit bewältigen, die von den Prüfern verlangt wird, und sie brauchen dazu nicht bis spät in die Nacht über ihren Büchern zu sitzen. Vor beinahe fünfzig Jahren unterrichtete ich an der King Alfred School in Hampstead. Es wurden nie Hausaufgaben gegeben, und dennoch haben später eine ganze Anzahl Schüler an Universitäten und Kunstakademien gut abgeschnitten. Aber heute haben sich an den Schulen Hausarbeiten eingebürgert. Ich bin durchaus für Hausarbeiten, wenn sie von den Schülern gewünscht werden, aber ich bin entschieden dagegen, wenn sie von Lehrern und Eltern erzwungen werden. Ich möchte wissen, wie viele Neurosen auf die Hausarbeiten zurückgehen; wahrscheinlich ziemlich viele, denn Kinder sollten in ihrer Freizeit spielen, herumtoben, sich Bewegung machen, kurz, leben statt lernen. Was lernt man denn? Und warum lernt man es? Um Prüfungen zu bestehen — das ist das Ganze. Die Schule kümmert sich wenig um das spätere Leben. Wir alle wissen, daß unsere Erziehung erst beginnt, wenn wir die Schule verlassen, daß wir fast alles abschütteln, was wir in der Schule gelernt haben.

Betätigen sich frühere Schüler von Summerhill auf dem Gebiet der Politik?

Nein. Wahrscheinlich sind sie wie ich der Meinung, daß die Politik die kranke Menschheit nicht heilen kann. Ich glaubte einmal, daß sie das könne. Als die russische Revolution gemacht wurde, hörte ich begeistert von der neuen Freiheit, der sexuellen Freiheit, der Freiheit in Schulen mit Selbstregierung, der Freiheit von Rede und Schrift. Heute sind kommunistische Länder Polizeistaaten, in denen es für den einzelnen überhaupt keine Freiheit gibt, und so habe ich den Glauben an die Politik verloren. Ich versuche nie, meine Schüler für meine Ansichten zu gewinnen, ich lasse meine persönliche Ansicht ganz aus dem Spiel. Aber vielleicht sind sie intuitiv zu der gleichen Einsicht gekommen, zu der ich durch Nachdenken und Beobachtung gekommen bin, der Einsicht von der Hohlheit und Unehrlichkeit der Politiker.

Ich sehe nicht, wie ein Politiker ehrlich sein kann. Ein Parlamentsabgeordneter aus einem erzkatholischen Wahlkreis würde nicht wagen, einen Gesetzesentwurf zu unterstützen, der die Abtreibung erlaubt. Wenn ich Premierminister wäre, könnte ich nicht meinen persönlichen Überzeugungen folgen. Ein britischer Premierminister kann persönlich der Überzeugung sein, daß der Krieg in Vietnam ein barbarisches Unternehmen und eine Gefahr für den Weltfrieden ist, aber handfeste Interessen können ihn zwingen, den Krieg zu unterstützen, Handelsinteressen zum Beispiel. Kein Präsident der USA könnte das Tragen von Schußwaffen verbieten; er hätte nicht nur die Millionen Schußwaffenbesitzer gegen sich, sondern auch die mächtigeren Interessenvertreter der Schußwaffenindustrie im Senat. Ich könnte mir eine Situation vorstellen, in der ein israelfreundlicher Premierminister es ablehnen müßte, Flugzeuge an Israel zu verkaufen, weil einflußreiche Wirtschaftskreise, die um ihr Öl aus den arabischen Ländern fürchten, ihren Einfluß dagegen geltend machen. Man hat gesagt: Die Presse lügt nicht, sie verschweigt nur die Wahrheit. Das könnte auch auf die Politik zutreffen. Wahrscheinlich sind Summerhillianer zu ehrlich, um sich als Politiker zu betätigen.

Eine verwandte Frage wird mir oft gestellt. Warum machen sich diejenigen, die aus Summerhill hervorgegangen sind, nicht daran, die kranke Menschheit zu heilen? Ich antworte mit einer Gegenfrage: was können sie machen? Sie wissen, daß es eine Zeitverschwendung ist, wenn sie sich irgendwo hinstellen und Freiheit predigen. Und was können unsere zwei Professoren tun? Einer lehrt Mathematik, der andere Geschichte. Zwei sind Anwälte, einige Ärzte. Sie können ihre Arbeit nicht mit Sozialreform verbinden. Ein Arzt kann zu einem Patienten, der Magenschmerzen hat, nicht sagen: „Deine Magenschmerzen sind nur ein Symptom der allgemeinen Krankheit. Sei aktiv! Nimm eine rote Fahne, und geh auf die Straße!"

Als ich einen der zwei Professoren fragte, was er für die Menschheit tue, sagte er: „Ich kann nicht mehr tun, als meine Kinder zu freien Menschen erziehen und hoffen, daß mein Beispiel andere Eltern ermutigt, ihren Kindern zur Freiheit zu verhelfen." Ich wüßte nicht, was er darüber hinaus tun könnte. Nicht Politik hilft weiter, sondern freie Erziehung. Freie Kinder brauchen keinen Führer. Ich kann mir nicht vorstellen, daß ein Schüler von Summerhill einmal ein Anhänger eines Hitler oder meinetwegen eines Neill wird. Anmerkung für deutsche Leser: Mein Name wird wie Niel ausgesprochen.

Ich sehe nicht, wie Aufrichtigkeit und Politik zusammen möglich sind. Die Kinder von Summerhill waren und sind aufrichtig. Sie werden in wichtigen Dingen keiner Heuchelei fähig sein, aber wie wir alle müssen sie im sozialen Leben heuchlerische Dinge mitmachen. Ich nehme vor einer Dame den Hut ab, eine heuchlerische Handlung, denn in einer patriarchalischen Gesellschaft steht die Frau tiefer. Selten erhält sie für die gleiche Arbeit die gleiche Bezahlung wie ein Mann. Wenn in England ein Herzog sechs Töchter hat, und es wird ihm noch ein Sohn geboren, so erhält dieser den Titel und den Besitz. Als Kompensation dafür, daß wir die Frau zu einem Menschen zweiter Klasse machen, täuschen wir vor, daß sie etwas Bewundernswertes sei, ein schwaches, schreckhaftes Geschöpf, das eine Tür nicht allein aufmachen kann. Die Angehörigen der Oberschicht stehen auf, wenn eine Frau ein Zimmer betritt, aber die ehrlichen Arbeiter tun das nicht, und ihre Frauen erwarten es auch nicht von ihnen.

Eine Erinnerung aus meinen Dresdner Tagen. In einer Straßenbahn wollte ich Gentleman sein und bot meinen Platz einer jungen Dame an. Aber es setzte sich schleunigst ein großer, dicker Mann auf den Platz, und von da an hörte ich auf, ein Gentleman zu sein. Die ganzen feinen Manieren sind nur Schein. Kein Engländer, der in einem Eisenbahnwagen erster Klasse sitzt, bietet einer Frau, die auf dem Gang steht, seinen Platz an. Gutes Benehmen ist natürliche Höflichkeit; ein Gentleman spricht nicht vom Strick, wenn er eine Frau besucht, deren Mann gehängt worden ist. Feine Manieren sind etwas anderes; hier handelt es sich um unbedeutende Äußerlichkeiten; daß man mit dem richtigen Besteck ißt, daß man danke sagt, auch wenn man es nicht ernst meint. Eine Frau singt, und man findet ihr Singen schrecklich, aber man lächelt und sagt: „Haben Sie vielen Dank. Ihre Stimme ist großartig!" Manieren sind tatsächlich ein wohlfeiles Mittel, andere nicht zu verletzen. Die Kinder von Summerhill haben keine feinen Manieren, aber sie haben gutes Benehmen. Wenn ein Kind hier Erbsen mit dem Messer essen sollte, würde davon wahrscheinlich niemand Notiz nehmen.

Haben Sie in Summerhill ein Drogenproblem, und wenn ja, wie werden Sie damit fertig?

Bis jetzt mußten wir uns nicht damit befassen. Ich möchte annehmen, daß unsere Schüler keine künstlichen Mittel brauchen, um glücklich zu sein. Drogen sind die logische Folge einer gefährlichen, lebensfeindlichen, materialistischen Zivilisation. Nicht nur Haschisch, LSD und Heroin sind Drogen; auch mein Tabak ist eine Droge, mein Bier und Whisky sind Drogen; aber in England, wo es strenge Gesetze gegen Rauschgifte gibt, gibt es keine Gesetze gegen Alkohol. Ich bin sicher, daß die Sterblichkeitsziffer durch Zigarettenrauchen unendlich viel höher ist als die durch Drogengebrauch aller Art.

Im Falle des Rauchens hat es keinen Zweck, den Kindern zu sagen, daß sie an Lungenkrebs sterben können, und es ist ebenso zwecklos, wenn man versucht, die Erwachsenen zu überreden, daß sie das Rauchen aufgeben oder zur Pfeife übergehen, wo man den Rauch nicht in die Lungen inhaliert. Kinder hören nicht auf Ratschläge. Bei einer Schulversammlung las ich aus einer Zeitung einen Abschnitt vor von einem kleinen Mädchen, das von einem Mann in einem Auto entführt wurde. Es wurde mißbraucht und erwürgt aufgefunden. Ich sagte: „Keiner darf in das Auto eines Fremden einsteigen." Am nächsten Tag sah ich, wie meine achtjährige Tochter Zoe und eine Freundin vor dem Haus aus einem Auto stiegen. Ich fragte, wer der Mann gewesen sei. „Weiß nicht; er hat gesagt, er will uns mitnehmen." Meine Predigt war zum einen Ohr hineingegangen und zum andern hinaus.

Was würde ich tun, wenn Drogen in der Schule auftauchten? Nach dem Gesetz bin ich verpflichtet, die Polizei zu verständigen, aber ich glaube nicht, daß ich es tun würde, weil ich fürchte, daß eine gerichtliche Bestrafung dem Kind auf lange Zeit hinaus schaden könnte.

Ich würde einfach sagen: „Du kannst in Summerhill keine Drogen haben. Ich werde die Drogen, die du hast, vernichten, und wenn du in der Schule bleiben willst, darfst du keine Drogen mehr hierherbringen."

Ich habe keinerlei Erfahrung mit Drogen. Ich bezweifle sehr, ob Haschisch schädlich ist, und vielleicht wird es in einigen Jahren legalisiert. Die Fachleute sind sich nicht einig; einige sagen, es führe zu harten Drogen wie Heroin, aber andere bestreiten das. Der Laie hat nicht genügend Kenntnisse, um sich eine objektive Meinung zu bilden. In der gleichen Lage ist er auch bei Arzneimitteln aller Art.

Behandeln Sie einen Dieb immer noch so, daß Sie ihn jedesmal, wenn er stiehlt, belohnen?

Heute nicht mehr. Ich wandte die Methode vor vielen Jahren an, als ich es mit pathologischen Dieben zu tun hatte. Mit gewöhnlichem Diebstahl befaßt sich die Schulgemeinde. Es ist nicht so wichtig; die meisten Kinder stehlen, wenn sie in Versuchung kommen, und die neuen Supermärkte sind eine große Versuchung für die besten. Erwachsene stehlen in der Regel nicht; sie haben sich für höhere Formen der Kriminalität qualifiziert, sei es Betrug bei der Einkommensteuer oder Verwässerung der Milch. Ich fragte einen Zollbeamten, welche Reisenden ihm am verdächtigsten seien. Er sagte: „Geistliche und Nonnen." Viele ehrbare Leute schmuggeln. In Deutschland schmeckte mir der Tabak nicht, und jedesmal, wenn ich zu Hause gewesen war, hatte ich mir auf der Rückreise die Taschen mit meinem englischen Lieblingstabak vollgestopft. Wäre ich durchsucht worden, hätte mir das vielleicht zwei Jahre Gefängnis eingebracht. Heute schmuggle ich nicht mehr.

Die Belohnung für das Stehlen fußte auf meiner Überzeugung, daß ein Kind, das krankhaft stiehlt, ein ungeliebtes Kind ist. Es stiehlt Liebe in der Form von Geld, und darum verschenkt es das Geld auch an seine Freunde, es teilt Liebe aus. Wenn ich einem Jungen fünfzig Pfennig gab, gab ich ihm ein Zeichen der Liebe, der Zustimmung; er spürte, daß ich auf seiner Seite war. Aber ich bezweifle, ob die Methode heute noch wirksam wäre, denn die Kinder haben eine neue Klugheit entwickelt, die sich nicht fassen läßt. Vermutlich würde der Junge meinen Trick durchschauen.

Die Hauptsache ist, daß man auf der Seite des Kindes steht, das gilt für Eltern und Lehrer. Öfters habe ich mich beteiligt, wenn ein kleiner Junge Fensterscheiben einwarf, indem ich mit ihm zusammen Steine warf. Es war ein gemeiner Trick von mir, denn ich verdarb ihm seinen Spaß. Er wollte keine Scheiben zerbrechen, er wollte das Gesetz brechen, und da ich, sein neuer Schulleiter, für das Gesetz stand, wurde der arme Junge an sich selber irre und stellte natürlich seine Zertrümmerung ein.

Wie reagieren die ausländischen Kinder, die bei ihrer Ankunft kein Englisch sprechen?

Die meisten sprechen nach vier Wochen Englisch. Natürlich lernen alle zuerst die Flüche und Schimpfwörter. Heute sprach ich ein siebenjähriges Mädchen, das seit acht Wochen hier ist, auf deutsch an: „Wie alt bist du?" Sie warf den Kopf zurück. „*I am eight and I speak English not Deutsch.*" Das ist das Alter, in dem man eine Sprache lernen muß. Als ich 1921 meinen ersten englischen Schüler, einen neunjährigen Jungen, nach Dresden nahm, sprach er nach einem Monat nicht nur Deutsch, sondern auch Sächsisch. Ich konnte kein Deutsch und mußte es von Grund auf lernen, den Unterschied zwischen Dativ und Akkusativ mir einprägen: ich gehe in *das* Haus – ich sitze in *dem* Zimmer. Er lernte es spielend nach dem Ohr. Als ich zwei Jahre später die Schule nach Sonntagberg in Tirol verlegen mußte, mußten wir uns beide auf die neue Sprache umstellen. Aus dem sächsischen „Ich weeß nisch" war etwas geworden, das wie „I woaß net" klang.

Amerikanische Kinder, die nach Summerhill kommen, müssen gewissermaßen eine neue Sprache lernen. Oscar Wilde hat einmal gesagt, England und Amerika hätten alles gemeinsam, außer der Sprache. Ein amerikanisches Kind braucht zwei Jahre, bis es „bath" statt „bäth" sagt.

Wahrscheinlich hätte ein englisches Kind, das erst mit fünfzehn in eine deutsche Schule ginge, große Schwierigkeiten mit dem Geschlecht der Hauptwörter. Wie einfach ist da das englische „the" im Vergleich mit „der, die, das". Dafür muß das ganz verschieden ausgesprochene „ou" in den englischen Wörtern „rough, though, through, brought" für alle Ausländer ein Albtraum sein. Die Sprachen trennen die Menschen mehr als alle Rassen und Religionen. Man ist nur ein halber Mensch in einer Fremdsprache, wenn man sie nicht als Kind gelernt hat.

Da gerade von Sprachen die Rede ist, fällt mir eine Geschichte ein. Ich habe mir mit meinen deutschen Besuchern gern einen Spaß gemacht. Ich habe ein Dutzend von ihnen gebeten, mir alle Bedeutungen von „Stollen" anzugeben, und nicht einer kannte die eine, die ich kannte – ein Abschnitt in den Liedern der Meistersinger.

JUL. JONSCHER
BUCHHANDLUNG
4500 OSNABRUCK
Domhof 6B · Fernsprecher 2 24 28 · Postfach 2545

Quittung

Anz	Datum		Einzel-Preis	DM	Pf
	6.6.				
1	Artikel			3	80
1				2	80
				6	60
				6.60	

17-00813

Bei Irrtum oder Umtausch bitte diesen Zettel vorl.

JUL. JONSCHER
BUCHHANDLUNG
4500 OSNABRÜCK
Domhof 6 B • Fernsprecher 2 24 28 • Postfach 2545

Wir danken für Ihren Kauf und würden uns freuen, Sie einmal wieder bei uns zu sehen.

Unter anderem führen wir:

- *Schöngeistige Literatur*
- *Medizin*
- *Theologie*
- *Architektur*
- *Jugendbücher*
- *Schulbücher (für alle Schulen)*
- *Pädagogik*

Ausserdem besorgen wir Ihnen schnellstens (meist innerhalb von 48 Stunden) jedes nicht vorrätige Buch.

Bücher? – Jonscher!

haag druck Kirchheim-Teck · Spezialfabrik für Durchschreibebücher u. -blocks

IV Eltern

Welche Erfahrungen haben Sie mit adoptierten Kindern gemacht?

Ich hatte eine ganze Anzahl von ihnen in meiner Schule. Mehrere schienen darunter zu leiden, obwohl man ihnen in früher Kindheit gesagt hatte, daß ihre Eltern nicht ihre richtigen Eltern seien. Das Problem hat mich lange Zeit beschäftigt, ja, es beschäftigt mich heute noch, nachdem ich mir eine Theorie zurechtgelegt habe.

Niemand weiß, welchen Einfluß der Zustand einer Mutter auf das ungeborene Kind hat. Es ist wahrscheinlich, daß von einer verkrampften, unglücklichen Frau mit angespannter Bauchmuskulatur ein Einfluß auf das Kind in ihrem Leib ausgeht. Wir wissen es nicht; aber wir wissen, daß die meisten adoptierten Kinder von ihren Müttern nicht gewünscht waren. Nun kennt jeder Kinderpsychologe die traurigen Folgen, wenn ein Kleinkind keine Liebe bekommt. In einer langen Praxis habe ich herausgefunden, daß die Kinder, für die ich nicht viel tun konnte, diejenigen waren, die als Kleinkinder keine Liebe erfahren hatten. Sie gehen durchs Leben mit einem Mißtrauen, einem Gefühl der Unterlegenheit, einer Furcht vor jeder Gefühlsberührung. Die Freiheit kann den Zustand wohl verbessern, aber nicht vollständig heilen. Deswegen bin ich jetzt der Auffassung, daß das problematische Adoptivkind tatsächlich nicht gegen seine Pflegeeltern protestiert; es geht weiter zurück, es denkt nicht, aber es fühlt: „Meine Mutter hat mich nicht gewollt. Sie hat mich verlassen, und ich werde sie für immer hassen." Einige haben versucht, ihre Mütter kennenzulernen, aber diese Versuche sind bei meinen Schülern immer fehlgeschlagen. Die Mutter, die sie trafen, war eine Fremde, nicht die liebevolle, zärtliche Mutter ihrer kindlichen Träume. Ich kann meine Bedenken gegen die Adoption nicht ganz loswerden.

Ein Kind muß die Wahrheit erfahren, gleichgültig in welchem Alter es adoptiert worden ist. Wenn man einem sechsjährigen Mädchen sagt, daß sie adoptiert ist, wird sie es vergessen und verdrängen. In einem Fall mußte ich es einem Mädchen fast jedes Jahr wieder sagen, bis es vierzehn war. Einige Pflegeeltern haben gedacht: „Das Kind wurde als sechs Wochen altes Baby adoptiert. Sie kann unmöglich etwas davon erfahren. Wir brauchen es ihr nicht zu sagen." Das kann gefährlich sein, denn Kinder finden Wege und Mittel, um hinter Geheimnisse zu kommen. Ich kannte einen Jungen, der die Wahrheit entdeckte, als er sechzehn war. Es war ein großer Schock für ihn, und seine Pflegeeltern erzählten mir, daß er kühl und verschlossen gegen sie geworden sei. Es ist am sichersten, die Wahrheit zu sagen.

Weil ich für die Zukunft der abgelehnten Kinder fürchte, bin ich für legale Abtreibung. Lieber eine Abtreibung als ein hassendes Kind. Es ist ein Skandal, daß die Gesetze gegen die Abtreibung – von Männern gemacht wurden. Alle verheirateten und ledigen Frauen sollten darüber abstimmen, ob die Abtreibung weiterhin bestraft werden soll. Leider haben auch die Frauen der Formung unterlegen, und möglicherweise wäre die Mehrheit gegen die Freigabe der Abtreibung.

Es kann gefährlich sein, wenn Eltern zu ihren eigenen Kindern ein anderes adoptieren. Wir wissen alle, wie stark die Eifersucht in einer normalen Familie ist. Wenn in eine Familie mit Kindern von sieben und elf plötzlich ein fünfjähriges Kind aufgenommen wird, müssen unter den Kindern Gefühlskonflikte entstehen. Ähnliche Probleme ergeben sich in einem Internat, wenn verheiratete Lehrer ihre eigenen Kinder bei sich haben. In verschiedenen Fällen mußten bei uns verheiratete Lehrer weggehen, weil sie mit ihren eigenen Kindern Schwierigkeiten bekamen. „Vorher hatte ich Mami und Papi ganz für mich, und jetzt verwenden sie ihre ganze Zeit für fünfzig andere Kinder." Mein Rat an Lehrer und Heimleiter ist, ihre Kinder nie in der Schule zu haben, wo sie arbeiten.

Wir dürfen nicht vergessen, daß Kinder ein unheimliches Ahnungsvermögen haben; sie scheinen oft einen sechsten Sinn zu haben. Ein uneheliches Kind mag von seiner Unehelichkeit nichts wissen, aber es spürt, daß da ein Geheimnis ist. Eltern versuchen oft, vor ihren Kindern etwas zu verheimlichen, vor allem die Tatsache, daß sie einander nicht mehr lieben. Sie versuchen die wahre Lage zu verhüllen und nennen einander Liebling. Die Reaktion des Kindes darauf ist fast immer, daß es sich unglücklich und unsicher fühlt. Es gibt tatsächlich sehr wenig, was man vor Kindern verbergen kann. Die Moral davon? Lebe die Wahrheit, und begnüge dich nicht damit, sie nur zu sagen!

Man hat gesagt, daß Sie gegen die Eltern seien, daß Sie sogar versuchen, die Schüler gegen ihre Eltern aufzubringen.

Neulich sagte ein fünfzehnjähriges Mädchen zu mir: „Wenn man gute Eltern hat, bringt einen Summerhill dazu, sie mehr zu lieben; aber wenn man schlechte hat, bringt es einen dazu, sie zu durchschauen, und dann kann man sie nicht mehr lieben." Sie hatte schlechte Eltern. Ich fragte sie, warum sie glaube, daß sie schlecht seien. „Weil sie nur mit dem Verstand an die Freiheit glauben. Sie schickten mich hierher, damit ich frei aufwachsen kann; aber als sie sahen, daß ich zu unabhängig wurde, wandten sie sich gegen die Schule. Es war ihnen bekannt, daß hier ein Kind aus eigenem Willen den Unterricht besucht und nicht, weil es dazu angehalten wird; aber jetzt nörgeln sie dauernd wegen des Unterrichts an mir herum. Ich weiß natürlich, warum sie beunruhigt sind; sie haben Angst, daß ich einmal nichts werden kann, wenn ich nicht wenigstens die mittlere Reife habe. Warum schickten sie mich dann überhaupt hierher? Ich glaube, daß ich genug Grips habe, um Prüfungen zu bestehen, wenn es soweit ist."

Mit diesen Äußerungen des Mädchens ist die Frage meiner Einstellung zu den Eltern fast beantwortet. Die idealen Eltern — bei uns gab es viele — sind diejenigen, die die Schule aus voller Überzeugung unterstützen. Sie machen sich keine Sorgen wegen der Fortschritte ihrer Kinder im Lernen oder wegen der Unordentlichkeit der Räume; sie fragen nie, warum wir nicht zur Anregung der Kinder Reproduktionen von Cezanne oder Rembrandt an die Wände hängen; sie fordern uns nie auf, die Popmusik schlechtzumachen und den Kindern Bach und Beethoven vorzusetzen. Kurz, sie teilen unsere Überzeugung, daß jedes Kind sich nach seinem eigenen Zeitmaß entwickeln muß. Solche Eltern sind für mich und meine Lehrer eine Freude.

Die andere Sorte geht uns auf die Nerven. Sie regen sich über Nebensachen auf. Warum wir den Kindern kein Benehmen beibringen? Sie verstehen darunter Manieren, daß man gute Tischsitten hat, daß man bitte und danke sagt. Sie übersehen, daß für freie Kinder gutes Benehmen darin besteht, auf andere Rücksicht zu nehmen. Keiner unserer Schüler würde im Hause der Witwe, deren Mann gehängt worden ist, vom Strick reden. Keiner würde einen Juden oder Neger unhöflich behandeln, keiner würde sich über eine schrullige alte Frau lustig machen.

Ich bin nur dann gegen die Eltern, wenn sie hinter ihren Kindern zurückbleiben. Dabei sehe ich ein, daß es unangenehm werden kann, wenn ein Kind Summerhill zu sehr liebt; manche Eltern werden dann eifersüchtig. Neue Schüler sind zu Hause manchmal wenig taktvoll, es haben sich Eltern beklagt, daß sich ihr Kind während der Ferien oft langweilt und so taktlos ist, das offen zu sagen. Es ist ganz natürlich, daß sich viele zu Hause langweilen. Vielleicht sind sie zu viel in der Wohnung, weil sie als Internatsschüler am Ort keine Kinder kennen, mit denen sie Freundschaft schließen können. Viele unterliegen zu Hause notwendigen Einschränkungen — ein Arzt muß seinen Jungen sagen, daß sie vor seiner Praxis keinen Krach machen dürfen. Kinder nehmen solche Beschränkungen auf sich, weil sie einsehen, daß sie notwendig sind. Dann gibt es Eltern, die überängstlich sind. Wenn Mary, die fünfzehn ist, etwas später von einer Tanzveranstaltung heimkommt, haben sie Angstvisionen, sie könnte auf dem Heimweg überfallen werden oder sich in sexuelle Abenteuer einlassen. Das größte Hindernis für die Freiheit der Kinder ist tatsächlich die Überängstlichkeit der Eltern. Nicht nur in sexuellen Dingen, sondern auch in Fragen des Lernens. Nach meiner Erfahrung kann man Eltern nicht einfach nach ihrer Einstellung zu bestimmten Lebensfragen beurteilen. Man wäre geneigt anzunehmen, daß, wenn einer auf einem Gebiet sehr kritische Ansichten hat, das auch auf allen anderen Gebieten der Fall ist. Nehmen wir die Humanisten, die den Glauben an einen Gott in Frage stellen. Ich kenne Humanisten, die genauso sexfeindlich sind wie Christen; ich kenne Sozialisten, die genauso moralisch sind wie ein Stockkonservativer. Ich kenne Kommunisten, die ihre marxistischen Götter so inbrünstig und unkritisch verehren wie ein Katholik die Mutter Gottes.

Es ist wahr, wir alle neigen dazu, auf verschiedenen Ebenen zu denken und zu leben. Wir unterstützen eine Vorlage zur Beibehaltung der Todesstrafe, und am nächsten Sonntag gehen wir zum Abendmahl. Wir leiden alle an dieser Art von Bewußtseinsspaltung. Wir haben alle unsere Komplexe. Bei Erich Fromm habe ich mit Genugtuung gelesen, daß Freud schon eine Stunde vor Abfahrt des Zuges auf dem Bahnhof sein mußte.

Eltern sind mir oft ein Rätsel. Ich kann nicht sagen, wieviel ich in den letzten fünfzig Jahren durch ausstehende Zahlungen verloren habe. Der Betrag muß in die Tausende gehen. In den meisten Fällen haßten sie wohl die Kinder – für ungeliebte Kinder zahlt man nicht gern. Vielleicht hatte auch der Name „freie Schule" einen Einfluß auf ihre schlechte Zahlungsmoral.

Summerhill war nie die Ursache, daß sich ein Kind von seinen Eltern abgewandt hat; die Abwendung geschah, lange bevor das Kind hierherkam, und die Freiheit hat die Abwendung nur bewußt gemacht. Die Eltern wollen nicht einsehen, daß sie die Liebe ihrer Kinder durch ihr eigenes falsches Verhalten verlieren – durch Strafen, Nörgeln, Verbote, Unterdrückung der Sexualität und auch durch ihr Lügen. Die Familie ist eine abscheuliche Einrichtung, wenn die Atmosphäre autoritär, unfrei und lieblos ist. Meine Schüler, die ein gutes, freies Elternhaus haben, scheinen nie jene Phase der Flucht vor ihrer Familie durchzumachen, um die unfreie Kinder nicht herumkommen. Deshalb sage ich den Eltern: „Wenn Sie die Liebe Ihrer Kinder verlieren, sind Sie selbst daran schuld."

Wenn meine dreijährige Tochter ungezogen ist, schlage ich sie manchmal. Bin ich dazu berechtigt?

Es ist keine Frage von Recht oder Unrecht; es ist sozusagen ein Fall von Gemeinheit, da Sie einen Schwächeren schlagen. Wahrscheinlich schlagen Sie ihren Mann nicht, wenn er Sie ärgert. Bei den Schlägen geht es meistens gar nicht so sehr um das Kind; sie sind ein Ventil für Wut, Enttäuschung und Haß der Erwachsenen. Es wäre interessant, wenn man nachweisen könnte, daß Mütter, die schlagen, meistens sexuell unbefriedigt oder frigid und deswegen sexfeindlich sind. Eine glückliche Mutter schlägt nicht; sie hat es nicht nötig, ihre Zufriedenheit überträgt sich unbewußt auf das Kind. Man hat es für eine Selbstverständlichkeit gehalten, daß die Kinder von ihren Eltern geliebt werden. Wenn jedoch Ehegatten einander nicht mehr lieben, leiden wahrscheinlich auch die Kinder darunter und werden antisozial. Manches Kind will mit seiner Ungezogenheit etwas erreichen, ohne daß ihm das klar wird. „Wenn mich meine Mutter nicht liebt, soll sie mich wenigstens hassen; irgend etwas möchte ich von ihr haben." Statt ihr Kind zu schlagen, sollte die Mutter deswegen in sich gehen und sich fragen, was sie falsch macht. „Ist mein Leben noch ein Leben zu nennen? Habe ich deswegen meine Karriere als Künstlerin geopfert, daß mir diese Bälger das Leben zur Hölle machen? Wir Frauen altern schneller als unsere Männer. Ich bin bald fünfzig, und mein Mann schaut sich nach jüngeren um... Du sollst das liegen lassen, mein Kind! Nimm das!" Eine unglückliche und unzufriedene Frau kann kein harmonisches Familienleben schaffen; sie kann nur Furcht hervorrufen, keine Liebe.

Was passiert, wenn Sie Ihr Kind schlagen? Schlagen ist kein Liebesbeweis. Sie jagen ihm Angst ein, etwas, wozu niemand ein Recht hat. Sie verlieren seine Liebe, das zerknirschte Liebsein danach ist unecht und unaufrichtig, eine Folge der Zurechtweisung. Das Schlechteste, was eine Mutter tun kann, ist, zu sagen: „Ich liebe dich überhaupt nicht mehr." Das ist eine Versündigung gegen den heiligen Geist der Kindheit. Jedes Kind sucht Liebe und Sicherheit, und Schläge versetzen ihm immer einen schweren seelischen Schock. Das arme Kind weiß nichts von Projektion; es begreift nicht, daß Vater mit seinem Vorgesetzten Ärger hatte, und daß seine Wut gegen das Kind verdrängte Wut ist, die er im Büro nicht zeigen durfte. Das Kind weiß nicht, daß seine Mutter sexuell unbefriedigt ist, daß sie vielleicht wegen einer frühkindlichen Fixierung kein glückliches Liebesleben mit ihrem Mann haben kann. Wenn es Schläge bekommt, weil es seine Kleider schmutzig gemacht hat, dann versteht es nicht, daß seine Mutter darum besorgt ist, was die Nachbarn denken; oft wird ein Kind nur aus Rücksicht auf die Meinung der Nachbarn bestraft. Man kann es in der Eisenbahn erleben, wenn ein Knirps im Gang herumrennt. „Ich muß diesen Leuten zeigen, daß mein Kind gut erzogen ist und weiß, was sich gehört." (Schon gibt es Schläge.)

Es ist mir natürlich klar, daß Kinder auch der geduldigsten Mutter auf die Nerven gehen können. Wenn sie dauernd streiten, wenn sie ihre Finger nicht von den Sachen lassen, die der Mutter gehören. Das Streiten wird in der Regel durch die Eifersucht hervorgerufen, und in jeder Familie gibt es eine Menge Eifersucht. „Wir haben unsere Verwandten nicht ausgewählt, zum Glück können wir unsere Freunde aussuchen." Deswegen mußten wir in Summerhill oft zwei Brüder oder zwei Schwestern so gut wie möglich auseinanderhalten. Auch können Eltern nicht, wie sie ihren Kindern sagen, alle gleich lieben. Die Kinder spüren das, auch wenn es im Unterbewußtsein bleibt.

Wenn es ein Heilmittel gegen das Schlagen gibt, dann besteht es in der Selbstprüfung der reizbaren Erwachsenen. Seit fünfzig Jahren sage ich „Der Fehler, lieber Brutus, liegt nicht in unseren Sternen, sondern in uns selbst", man muß nur „unsere Kinder" einsetzen statt „unsere Sterne". Schlagen ist eine symbolische Kastration. Es bricht den Willen, es ruft Haß hervor, es kann ein Leben zerstören. So schlagen Millionen, die in ihrer Kindheit geschlagen wurden, später ihre eigenen Kinder wieder.

Das alles gilt auch für die Prügelstrafe in der Schule. Gewöhnlich verteidigt man sie damit, daß die Klassen zu groß sind, daß die Kinder zu Hause nicht erzogen werden. Aber große Klassen gibt es auch in Rußland, in den Vereinigten Staaten und den skandinavischen Ländern, wo man ohne Prügelstrafe auskommt. Es ist in meinen Augen abscheulich, daß es in unseren Public Schools den älteren Schülern, den Präfekten, erlaubt ist, die jüngeren, die Füchse, zu schlagen. Vor einiger Zeit las ich in der Zeitung, in welch großem Ausmaß in England Rohrstöcke und in Schottland Lederriemen verkauft werden. Noch hatte kein Erziehungsminister den Mut und die Menschlichkeit, die Prügelstrafe bei uns abzuschaffen. Wahrscheinlich, weil wir ein christliches Land sind: Wenn man sündigt, erwarten einen im Klassenzimmer wie in der Zukunft Höllenstrafen. Lehrer und Eltern, die prügeln und schlagen, sind beschränkte, haßerfüllte, gemeine Menschen. Welcher Schulleiter würde den Hausmeister, einen ehemaligen Feldwebel, schlagen, weil er säuft? Wenn aber Fritzchen Müller nach Zigarettenrauch riecht, bekommt er wahrscheinlich eine Tracht Prügel, die sich gewaschen hat. Könnten doch solche Lehrer und Eltern einsehen, was sie wirklich sind: arme, unglückliche, nicht wirklich erwachsene Menschen, die mit der ihnen übertragenen Autorität nicht richtig umgehen können. Und sie können nicht einmal etwas dafür, sind sie doch Produkte und Opfer einer Erziehung, die von kindlicher Natur keine Ahnung hatte. Sie sind das Establishment.

Darf ich meiner Tochter gegenüber gelegentlich einmal lügen?

Ich kann mir eine Situation vorstellen, in der Sie lügen müßten. Nach einem Autounfall, bei dem ihr Vater getötet wurde, liegt sie schwer verwundet da. Sie fragt, wie es ihrem Vati geht, und Sie sagen, es gehe ihm gut. Dieser Fall ist ziemlich unwahrscheinlich, und ich kann mir nicht denken, warum sie gezwungen sein sollten zu lügen. Notlügen benutzen wir alle. Fräulein Müller singt, und ich finde ihre Stimme entsetzlich, aber ich lächle und mache ihr ein Kompliment. Fast immer benutzt man Notlügen, um jemand nicht zu verletzen. Welcher Ehegatte, den seine Frau fragt, wie er ihren neuen Hut finde, wird antworten: Er ist scheußlich. Dagegen ist es möglich, den Kindern gegenüber ohne Lügen auszukommen. Wenn Sie sagen: „Geh doch mal ans Telefon, meine Liebe, wenn es Frau Maier ist, so sage, ich sei nicht da", dann ist das nicht so schlimm, als wenn Ihr Kind weiß, daß Sie eine Lüge leben, daß Sie so tun, als sei in Ihrer Ehe alles in Ordnung, während Sie und Ihr Mann einander hassen. Deswegen habe ich oft gesagt, es sei besser, sich scheiden zu lassen, als eine Lüge zu leben, und ich habe öfters gesehen, wie Kinder nach einer Scheidung glücklicher waren, nachdem sie nicht mehr in einer Atmosphäre der Lüge lebten.

Ich weiß, viele Eltern wollen ihren Kindern ein Vorbild sein. Viele haben es gar nicht gern, wenn ihre Kinder etwas von ihrer Vergangenheit erfahren — daß Vati in der Schule Schnupf genannt wurde, weil ihm immer die Nase lief, oder daß Mutti immer unter den Letzten ihrer Klasse war. Ich habe viele Mütter gekannt, die ihrer Familie nie ihr Alter verraten wollten, Väter, die nicht einmal ihren Frauen sagen wollten, was sie verdienten. Vielleicht sind die meisten elterlichen Lügen defensiver Art, Lügen, die das Bild des vollkommenen Vaters, der vollkommenen Mutter aufrechterhalten sollen. Das ist grundfalsch. Ihre Kinder sollten Ihre Tugenden und Ihre Schwächen kennen. Jeder kleine Junge denkt, sein Vater werde mit sechs Männern fertig, und es gehört Mut dazu, zuzugeben, daß man es nicht einmal mit einem aufnehmen könnte. Wohl die schlimmste Lüge ist die Behauptung: „Ich habe als Kind nie gestohlen." Da weiß dann jedes Kind, daß sein Vater ein ausgemachter Lügner ist.

Die meisten elterlichen Lügen entspringen der unsinnigen Vorstellung, daß Eltern nie zugeben dürfen, daß sie Menschen sind. Wie viele Väter können eine ehrliche Antwort geben, wenn ein Kind fragt, ob sie schon onaniert haben? Nicht viele. Wie viele Mütter werden zugeben, daß sie ein Sexualleben vor der Verheiratung hatten? Sicher wenige. Heutzutage stellen Kinder zuweilen vertrackte Fragen. Gerade auf dem Gebiet des Sexuellen ist es, wo so viele Eltern lügen. Wo kommen die Kinder her? Wie werden die Kinder gemacht? Alle Lügen sind unnötig, auch die Lüge vom Weihnachtsmann oder Osterhasen.

Wirklich, man kann Kindern gegenüber ohne Lügen auskommen. Ich gebe zu, daß es auch in Summerhill Ausnahmen gibt, wo wir aus psychologischen Gründen von der Regel abweichen müssen. In einem anderen Buch führte ich das Beispiel von dem Mädchen an, das vor der Versammlung beschuldigt wurde, zehn Mark gestohlen zu haben. Sie sagte, Neill hätte ihr das Geld gegeben. Der Vorsitzende fragte mich, und ich bestätigte es. Ich wußte, daß ich sonst ihr Vertrauen vollständig verloren hätte. Sie wurde ein ehrliches Mädchen, aber natürlich wäre sie das vielleicht auch geworden, wenn ich nicht gelogen hätte. Wer kann das sagen?

Ich habe gegenüber einem Oberst gelogen, als er fragte, ob sein Sohn onaniere, weil ich fürchtete, daß er ihn sonst übers Knie legen würde. Aber außer therapeutischen Gründen sehe ich keine Veranlassung, einem Schüler gegenüber zu lügen, und unsere Lehrer sind mit mir darin einig. Als Folge davon erwarten die Schüler auch nicht von uns, daß wir lügen.

Damit soll nicht gesagt sein, daß Sie jede Frage beantworten müssen, die Ihnen Ihr Kind stellt. Ich wüßte keine Antwort auf diese Frage: „Vati, hast du Omi lieb?" Wobei mit Omi die Schwiegermutter gemeint ist. Oder auf diese: „Mutti, warum trinkst du soviel Gin?" Aber das sind Fragen, auf die es keine einfachen Antworten gibt. Im großen und ganzen jedoch gilt: Sei ehrlich zu deinen Kindern, dann sind sie auch ehrlich zu dir.

Ich habe zwei Kinder, ein Mädchen von fünfzehn und einen Jungen von dreizehn. Ich fühle mich ihnen völlig entfremdet; wir leben in verschiedenen Welten. Gibt es eine Möglichkeit, daß wir uns wieder näherkommen?

Wenn Sie an Fragen des Geschmacks denken, wahrscheinlich nein. Meine Schüler spielen Platten, die mir ein Greuel sind, Popmusik und Schnulzen. Sie lesen Bücher und sehen Fernsehsendungen, die mir kindisch vorkommen. Ich bin mit Tango und Foxtrott aufgewachsen und kann ihre Verrenkungen beim Twist nicht ausstehen.

Die Kluft ist zu groß; sie kann nicht überbrückt werden. Doch das Leben besteht nicht nur aus Pop und Tänzen, und ich mache die Erfahrung, daß ich mit der Jugend in vielen Dingen in Kontakt kommen kann, beispielsweise bei ernsthaften Gesprächen über Leben, Liebe und Fragen des Zusammenlebens. Es kann natürlich keine Verständigung geben, wenn die Älteren darauf beharren, die Werte von gestern an die Jüngeren weiterzugeben. Ihr liebt Pop — ich liebe Ravel. Streiten wir nicht mehr darüber. Der unüberbrückbare Gegensatz in vielen Familien hängt wahrscheinlich mit einer moralischen Barriere zusammen. Die Eltern meinen zu wissen, was richtig ist, die Kinder dagegen fühlen, was für sie gut ist. Eine natürliche Brücke gibt es in Familien, bei denen sich jung und alt mit gegenseitiger Sympathie, mit Vertrauen und Verständnis begegnen und Eltern und Kinder voreinander nicht zu lügen brauchen. Ich fürchte, daß der auf Disziplin bedachte Vater die Kluft am meisten zu spüren kriegt. Ein Vater, der fluchtartig das Zimmer verläßt, wenn aus dem Lautsprecher dröhnende Beatmusik dringt, braucht deswegen nicht das Gefühl zu haben, daß er sich von seiner Familie absondert, auch sollte es ihm nichts ausmachen, wenn seine Familie verduftet, sobald er eine Bachplatte auflegt. Ich liebe Wagner; meine Frau kann Wagner nicht leiden. So spiele ich meine geliebten ‚Meistersinger', wenn sie in einem anderen Zimmer ist. Mein Stiefsohn liebt Bach. In diesem Fall bin ich es, der das Zimmer verläßt. Zum Familienleben gehört ein Geben und Nehmen. Wenn eine Kluft da ist, liegt es nicht an der Musik oder anderen Geschmacksfragen; sie entsteht vielmehr durch die Unfähigkeit der Älteren, die Jungen zu verstehen. Sie entsteht hauptsächlich aus der Angst, die Jungen könnten vom rechten Weg abweichen, sie könnten nicht genug lernen und im Leben einmal keinen Erfolg haben. Wir können nicht mit allem einverstanden sein, was die Jungen tun, aber wir müssen die Jungen in ihrer Eigenart bejahen.

Eltern sollten nicht erwarten, daß ihre Kinder an ihren Hobbies Anteil nehmen. Der Vater, der ein Fußballfan ist, sollte nicht versuchen, seinen Sohn, der lieber Bücher liest, dazu zu bewegen, daß er ihn auf den Fußballplatz begleitet. Die Mutter, die Opern liebt, sollte ihre Tochter nicht bitten, mit ihr ins Theater zu gehen, wenn diese ein Jazzkonzert vorzieht. Viele Eltern schleifen ihre Sprößlinge mit, wenn sie die Sehenswürdigkeiten Europas besuchen, und vergessen dabei, daß ein zehnjähriges Kind mit dem Forum Romanum und dem Louvre nichts anfangen kann. Es kann sich nur langweilen.

In einem Ihrer Bücher schreiben Sie, daß ein Kind, das Heimweh hat, gewöhnlich aus einem unglücklichen Elternhaus kommt. Ist das immer noch Ihre Meinung?

Ja. Aber ich bin der Meinung, daß es ein Heimweh nach einem idealen Elternhaus ist, das das Kind nie gehabt hat. Ein unglückliches Elternhaus muß ein unglückliches Kind hervorbringen, und wenn es nach Summerhill kommt, bringt es sein Unglück mit. Ich kann nur Vermutungen anstellen über die Psychologie dieses Phänomens. Handelt es sich um ein Elternhaus, wo sich die Eltern dauernd streiten, so fühlt sich das Kind schrecklich unsicher und macht sich Sorgen, was zu Hause jetzt wohl vor sich geht. Die Unsicherheit ist zum Grundmuster seines Lebens geworden. Und so kann die Angst zum Hauptmotiv in seinem Leben werden. Es ist zu Hause mehr oder weniger abgelehnt worden, und es erwartet nun, daß es auch in der Schule abgelehnt wird.

Ich will nicht sagen, daß damit alles erklärt ist. Wenn einer meiner Schüler von hier in eine strenge Schule kommen würde, wo Angst herrscht, so hätte er natürlich Heimweh nach Summerhill. Auf Bahnhöfen sind an Internatsschülern häufig Zeichen von Heimweh zu beobachten, wenn sie nach den Ferien gerade in die Schule zurückfahren. Es mag übertrieben klingen, wenn ich sage, daß unsere Schüler voller Freude in den Zug steigen, der sie in die Schule bringt, aber ich stelle damit nur eine einfache Tatsache fest, die für alle Schulen gelten sollte.

V Unterricht

Wird in Summerhill nach modernen Methoden unterrichtet?

Das kann ich nicht sagen, weil ich einen Lehrer nie nach seiner Methode frage. Ich weiß natürlich, daß es neue Methoden beispielsweise im Mathematikunterricht gibt, einige davon sind ausgezeichnet, besonders für den Anfangsunterricht. Dagegen kann ich mir nicht vorstellen, wie man quadratische Gleichungen oder das Faktorenrechnen nach neuen Methoden lernen könnte; wenn es eine neue Methode gibt, von einem Punkt aus eine Tangente zu einem Kreis zu zeichnen, so ist sie mir nicht bekannt. Der Haken bei der Sache ist, daß sich der Unterricht nach den Aufnahmeprüfungen für die Universität richten muß, und die Prüfungsaufgaben scheinen mir noch die gleichen zu sein wie in meiner Jugend. Die Schüler sollen lernen, wie man Quadratwurzeln zieht; sie lernen Tabellen über alte Längenmaße wie Ruten und Klafter; sie lassen einen langweiligen Grammatikunterricht über sich ergehen. Sie müssen die Fakten über sämtliche Kreuzzüge büffeln. Und am Tage nach der Schlußprüfung ist alles wieder vergessen. Außerhalb meines Lehrerberufs habe ich in meinem Leben keine Quadratwurzel ziehen und nicht einmal eine größere Geldsumme dividieren müssen. Ich habe nie mit Längenmaßen wie Rute oder Klafter zu tun gehabt, und wenn ich einen Satz analysieren kann, dann nur deswegen, weil ich Grammatik unterrichten mußte. Es ist eine ernüchternde Vorstellung, daß Dickens, Hardy, Shaw, Hemingway und tausend andere Schriftsteller wahrscheinlich nicht imstande gewesen wären, den Unterschied zwischen einem Nominalsatz und einem temporalen Adverbialsatz zu erklären. Deswegen habe ich kein großes Interesse, den Lehrstoff durch moderne Methoden interessant zu machen; lieber möchte ich das unnütze und langweilige Zeug über Bord werfen. Jedes Kind über acht, das nach Summerhill kommt, haßt den Unterricht so sehr, daß es wochenlang, manchmal monatelang und in einzelnen Fällen jahrelang nichts mehr davon wissen will. Dagegen besuchen diese Kinder oft Theater- und Malklassen oder den Werkunterricht, weil sie sich auf diesen Gebieten schöpferisch betätigen können.

Was haben wir von einer akademischen Ausbildung? In meinem Fall habe ich drei Jahre lang englische Sprache und Literatur studiert; wenn jedoch in einer Gesellschaft von Musik, Philosophie oder Kunst die Rede ist, sitze ich stumm dabei. Jede akademische Bildung ist notwendigerweise beschränkt; das ist vielleicht der Grund, warum ich meinen M. A.-Titel nicht auf meinen Schulprospekt setze. Wohlgemerkt, ich habe nichts gegen Lehrer, die es verstehen, ihren Unterricht interessant und lebendig zu machen. Allerdings kann ich mir nicht recht vorstellen, wie ein Geschichtslehrer seine Klasse fesseln soll, wenn er die Abschaffung der Getreidegesetze behandeln muß. Wie es zu unserem Kanon der Schulfächer kam, kann ich mir nicht erklären. Warum Geschichte und nicht Botanik? Geographie und nicht Geologie? Mathematik und nicht Staatsbürgerkunde? Die Antwort liegt wohl in dem Ausspruch eines alten Public School-Rektors: Es kommt nicht darauf an, womit ein Junge gepiesackt wird, Hauptsache ist, daß er überhaupt gepiesackt wird.

Noch eine kritische Bemerkung zu den modernen Methoden. Macht es einem mit fünfzig noch etwas aus, ob man das Lesen nach der herkömmlichen oder nach der Ganzheitsmethode gelernt hat? Vermehrt die Montessorische Lange Treppe das Glück und die schöpferische Kraft eines Kindes?

Wird in Summerhill großer Wert auf Fremdsprachen gelegt?

Wenn sie wollen, können die Schüler Französisch und Deutsch lernen. Die Schwierigkeit besteht darin, daß mit dem Lernen meistens zu früh aufgehört wird. Als ich gerade anfing, etwas von der Sprache der ‚Äneis' zu verstehen, machte ich mein Examen in Latein und schaute danach nie wieder ein lateinisches Buch an. Tausende, die die Prüfung in Französisch machen, gehen nie nach Frankreich, lesen nie ein französisches Buch; und wenn einer zwei Jahre nach seiner Prüfung Paris besucht, kann er vielleicht noch einen Polizisten nach dem Weg fragen, aber die Antwort wird er höchstwahrscheinlich nicht verstehen.

Am besten lernt man eine Sprache, wenn man als junger Mensch in dem Land lebt. Meine ausländischen Schüler sprechen schon nach drei Wochen einigermaßen Englisch. Zuerst lernen sie die Kraftausdrücke; diese Tatsache könnte ein Hinweis sein für diejenigen, die die Aufgaben für die Englischprüfungen stellen — ‚*Lady Chatterley*' und ‚*Tropic of Cancer*' als Prüfungstexte. Wenn ein Kind kein unmittelbares Ziel vor sich hat, ist das Erlernen einer Sprache eine mühselige und langweilige Sache. Als sich bei uns einmal ein paar Lehrer über private Dinge auf deutsch unterhielten, wuchs der Eifer, diese Sprache zu lernen, dermaßen, daß wir es untunlich fanden, unsere Privatgespräche in dieser Sprache fortzusetzen.

Wir haben keinen Unterricht in Latein und Griechisch. Robert Graves hat mir gegenüber einmal behauptet, ohne humanistische Bildung könne niemand ein gutes Englisch schreiben. Das stimmt doch wohl nicht; Shakespeare konnte „wenig Latein und noch weniger Griechisch". Mein verstorbener Freund Edwin Muir schrieb ein ausgezeichnetes Englisch, Bernard Shaws Englisch ist hervorragend. Ich kann nicht einsehen, wozu die alten Sprachen gut sein sollen. Manche Lehrer sagen, ihre Kenntnis diene dem besseren Verständnis des Englischen. Ist dem so? Als „manufactured goods" bezeichnet man doch Dinge, die gerade nicht von Hand gemacht, sondern mit Maschinen hergestellt sind. Ist einem viel geholfen, wenn man weiß, daß in „Komitee" das lateinische „cum" = „mit" und „mitto" = „ich schicke" steckt? Wahrscheinlich denken die Verteidiger der humanistischen Bildung hauptsächlich an den kunstvollen Satzbau, aber wer schreibt heute noch wohlgesetzte Perioden wie Milton oder Sir Thomas Browne? Das Hauptargument gegen die alten Sprachen ist, daß man Jahre mit öder Grammatik vergeudet, denn nur die ganz wenigen, die Altphilologie studieren, dringen in Homer, Livius und Cicero wirklich ein. Früher hatten die Schüler mehr Zeit zur Verfügung. Es ist eine Tatsache, ob es uns gefällt oder nicht, die gegenwärtige Generation schaut nicht in die Vergangenheit zurück, wahrscheinlich weil sie mehr an der Zukunft interessiert ist.

Soll man Kinder psychotherapeutisch behandeln?

Über diese Frage gehen die Ansichten der Fachleute weit auseinander. Ich kann nur meine eigene Auffassung darlegen. Viele Jahre wandte ich bei Kindern die Analyse an; später kamen mir Zweifel, ob es nötig ist. Ein Erwachsener, der neurotische Beschwerden hat, begibt sich freiwillig in Behandlung, ein Kind tut dies nie. Ich bin durchaus der Meinung, daß die Kinder, die ich behandelte, von der Analyse einen Nutzen hatten. Erwachsene und Kinder haben gern jemand, mit dem sie über ihre Probleme sprechen können, und in meinem Fall, wie hoffentlich in jedem Fall, wußten die Schüler, daß alles, was sie sagten und beichteten, mit Verständnis und Wohlwollen aufgenommen wurde. Schon mein Zuhören war für sie ein Zeichen von Liebe, und darin liegt auch wohl die Erklärung, warum die Therapie so oft gelingt. Ich habe mich nämlich immer wieder gewundert, daß so vielen geholfen wurde, obwohl der eine von einem Freud-Schüler, der andere von einem Jung-Schüler, ein dritter von einem Adler-Schüler analysiert wurde, die alle zum Beispiel mit verschiedenen Traumdeutungen arbeiten. War es die Übertragung, was zählte? Das Gefühl, daß der Therapeut ihnen die Liebe entgegenbrachte, die sie bei ihren eigenen Vätern und Müttern entbehren mußten?

Ich bezweifle, ob die Freilegung von Kindheitserinnerungen so wichtig ist, wie es die Analytiker hinstellen. Gewiß genügt es nicht, die Ursache eines Komplexes bewußt zu machen, um diesen zu heilen, es sei denn, die Freilegung der Kindheitserinnerungen löst die gleiche Gefühlsreaktion aus, die mit dem ursprünglichen Trauma verbunden war. Die Reichsche Therapie löste sicher diese Reaktion aus. Allzuoft verändert die Analyse nur das Symptom. Ein Mann leidet vielleicht an Kopfschmerzen, weil ihn sein Vater immer auf den Kopf schlug, und wenn man diese Entstehungsursache bewußtmacht, kriegt er dafür vielleicht den Hexenschuß. Etwas ausgefallen, aber es ist ein Körnchen Wahrheit darin.

Jetzt setze ich meine Hoffnung auf die Freiheit. Sie hilft in fast allen Fällen. Ich habe schon gesagt, daß ihrer Wirksamkeit bei Kindern, die in ihren ersten Jahren keine Liebe erfuhren, Grenzen gesetzt sind. Sie wirkt am besten, wenn das Kind zu Hause genauso behandelt wird wie in Summerhill. Aber fragen Sie mich nicht, wie es zu der Wirkung kommt, ich weiß es nämlich nicht. Wir bekamen ein vierzehnjähriges Mädchen, das wiederholt einen Selbstmordversuch unternommen hatte. Als sie kam, hatte sie einen undurchdringlichen Gesichtsausdruck, eine schneidende Stimme und einen mißtrauischen Blick. Bei den Versammlungen unserer Selbstregierung stimmte sie immer für diejenigen, die die Gemeinschaftsordnung verletzten. Als sie nach zwei Jahren wegging, war ihr Körper gelockert und ihr Gesicht glücklich. Wie war das möglich? Ich kann dazu nur eine Vermutung äußern. Wenn ein Kind in einer Umgebung lebt, in der es Zustimmung findet und in der ihm niemand vorschreibt, was es zu tun und wie es sich zu verhalten hat, dann kommt das Gute in ihm von selbst heraus. Ich könnte andere Beispiele mit ähnlichen Ergebnissen geben.

Freilich gebe ich zu, daß die Freiheit in dem Lehrer eine Stütze finden kann, nicht durch sein Reden, sondern durch sein Tun. Wenn man einen Jungen mit einem Fensterscheibentick heilen will, ist es am besten, man lacht und hilft ihm beim Einwerfen der Scheiben, was etwas teuer kommt, wenn seine Eltern arm sind. Glücklicherweise kommt der Fall nicht häufig vor. Ich mußte einmal untätig zusehen, wie ein älterer Schüler meine Präzisionswerkbank beschädigte. Hätte ich eingegriffen, so hätte er mich mit seinem Vater, einem Offizier, identifiziert, dessen Werkstatt er nie betreten durfte. Anderer Leute Kastanien aus dem Feuer zu holen ist eine ziemlich kostspielige Angelegenheit.

In gewisser Weise bin ich zusammen mit meinen Lehrern die ganze Zeit therapeutisch tätig; auf der Seite des Kindes zu stehen ist nämlich einer der Hauptpunkte der Therapie. Ich muß bekennen, daß ich von den therapeutischen Kinderkliniken, die mit Spieltherapie gute Erfolge haben, nicht viel weiß, aber ich kann nicht einsehen, wozu es gut sein soll, wenn nach Melanie Kleins Forderung jedes Kind im Alter von vier Jahren analysiert wird. Ein Kind, das frei erzogen wurde, sollte überhaupt keine Analyse brauchen. Übrigens weiß ich nur von zwei Schülern, daß sie sich später einer Analyse unterzogen haben, es können freilich noch andere sein, mit denen ich keine Verbindung mehr habe. Nach meiner Überzeugung sollten Kinder so erzogen werden, daß sie einmal keine Analyse brauchen und daß sie darüber hinaus ihre eigenen Kinder so erziehen, daß diesen die üblichen Vater- und Mutterkomplexe, das übliche sexuelle Schuldgefühl und die übliche Angst vor Autoritäten erspart bleiben. Therapie ist für mich ein Äquivalent für das, was Drogen für den Körper sind. So wie unser Körper unter allen möglichen äußeren Übeln leidet, wie denaturiertem Brot, konservierten Nahrungsmitteln, Kunstdüngern, Strahlenschäden, Insektengiften, Benzinabgasen, so leidet unsere Seele unter elterlichen Strafen, Beschränkungen, Einschüchterungen und Bevormundungen. Im Psychischen wie im Physischen geht es darum, Komplexe und Krankheiten gar nicht erst entstehen zu lassen.

Gibt es in Summerhill Turnstunden?

Nein. Wir hatten einmal eine Turnhalle, aber die Schüler kletterten lieber auf Bäume und gruben Löcher, sie zogen das Radfahren und Schwimmen vor. Kinder und Erwachsene haben im allgemeinen etwas gegen vorgeschriebene, sture Übungen. Haben sich nicht viele von Ihnen schon einmal Hanteln oder Expander gekauft, mit denen Sie sich morgens vor den Spiegel stellten und dabei im Geist Ihren Bizeps wachsen sahen? Wie lang haben Sie es durchgehalten? Wie viele Ruderapparate verrosten in Schuppen? Es genügt uns, wenn unsere Schüler herumrennen und herumklettern, radfahren und tanzen. Die beste körperliche Betätigung ist die unwillkürliche beim Graben, Gehen und Laufen. Wir hatten einmal einen Boxer im Kollegium, aber er machte das Boxen nicht populär.

Warum sagen Sie, daß Humor eine notwendige Eigenschaft eines Lehrers ist?

Ja, warum eigentlich? Ich weiß nur, daß man ohne Humor für die Schüler geradezu eine Gefahr ist. Für ein Kind bedeutet Humor Freundlichkeit, Abwesenheit von Respekt und Furcht; er bedeutet Zuneigung von seiten des Erwachsenen. Wenn ich zu einem Zehnjährigen, der neu bei uns ist, sage: „Ich suche gerade Neill. Weißt du, wo er ist?", starrt er mich an, als ob ich verrückt wäre. So wenig sind

Schüler an Lehrern Humor gewöhnt. Einmal versuchte ich es bei einem elfjährigen Mädchen, das schon drei Jahre bei uns war. „Weiß nicht", sagte sie einfach so, „vor zwei Minuten ging er da um die Ecke."

Humor gehört zum Kostbarsten, was wir haben, und doch wird von ihm in der Kindererziehung fast kein Gebrauch gemacht. Schüleranekdoten haben in der Regel die Naivität oder Dummheit der Kinder zum Inhalt, aber wahrscheinlich werden die meisten in Lehrerzimmern erfunden. Kein Schüler hat jemals geglaubt, eine Abszisse sei die Leiterin eines Nonnenklosters; kein angehender Mathematiker hat jemals seine Aufgabe nach Art des Schülerwitzes gelöst: Ein Mann geht a Kilometer zu Fuß, fährt b Kilometer mit dem Rad und den Rest von m Kilometern mit dem Zug. Wie weit fährt er mit dem Zug? Antwort? c d e f g h i j k l Kilometer. Die kindliche Naivität zeigt sich in der Geschichte von der Lehrerin, die ihre Klasse einen Aufsatz über Alfred den Großen schreiben ließ. „Aber verschont mich bitte mit der albernen Geschichte, wie Alfred die Kuchen verbrennen ließ." Ein kleines Mädchen schrieb einen guten Aufsatz. Sie erzählte, wie Alfred die Nation geeint und eine Flotte aufgebaut hatte, und schrieb am Schluß: „Es gibt da noch eine Geschichte über Alfred und eine gewisse Frau, aber darüber schweigt man besser."

Die Kinder sind hier anscheinend dazu da, daß die Lehrer etwas zum Lachen haben, aber die Kinder sollen selber lachen. Bei kleinen Kindern ist es mehr Freude an Spaß als Humor. Wenn man ein zehnjähriges Mädchen fragt, wieviel „feet" (Fuß) in einem „yard" (einer Elle) sind, kriegt man eine richtige Antwort. Wenn man sie dann fragt, wie viele Füße in Scotland Yard sind, guckt sie einen wahrscheinlich ratlos an. Ein Schüler, der Spaß verstand, antwortete wie aus der Pistole geschossen: „Das kommt darauf an, wie viele Polizisten und Angestellte gerade in dem Gebäude sind." Humor bedeutet Gleichheit, Kameradschaft, Freundlichkeit, und wie sollen diese gedeihen, wenn der Schüler dem Lehrer mit Respekt begegnen muß? Humor wird aus dem Klassenzimmer verbannt, weil er ein Gleichmacher ist. Er würde den Respekt untergraben, den der Lehrer für sich verlangt. Könnte doch der Lehrer zu menschlich erscheinen, wenn er in das Lachen seiner Schüler einstimmt. Die guten Lehrer lachen *mit* ihren Schülern, die schlechten lachen *über* ihre Schüler. Wir alle haben den üblen Lehrertyp kennengelernt, der manche Schüler vor der Klasse lächerlich macht, gewöhnlich die Dummen. Ich weiß Bescheid, ich gehörte selbst dazu — zu den Dummen.

Ich möchte bloß wissen, warum der Humor in so vielen Lebenslagen mit Argwohn betrachtet wird. Man erzählt, Adlai Stevenson sei deswegen nicht Präsident geworden, weil er das Witzemachen nicht lassen konnte. Vermutlich ist jeder britische Minister bei seinen Reden sorgfältig darauf bedacht, ja nicht den Eindruck zu erwecken, daß ihm der nötige Ernst fehle. Aber es kann auch einmal andersherum gehen. Als Fleet Street-Journalist sollte ich einmal ein Interview mit George Robey machen, über den ich in Varietétheatern oft gelacht hatte. Nie in meinem Leben habe ich einen so ernsten und pessimistischen Menschen getroffen. Das erinnert mich an die alte Geschichte von dem traurigen Mann, der wegen seines Pessimismus einen Psychiater aufsuchte. Der Arzt klopfte ihm auf die Schulter.

„Sie brauchen eine Aufmunterung", sagte er. „Sehen Sie sich den großartigen Clown Grimaldi an."

„Ich bin Grimaldi", seufzte der Patient.

Wirklich, ein Lehrer ohne Humor ist gemeingefährlich. Humor ist eine Art seelisches Sicherheitsventil. Wenn ein Mensch über sich selbst nicht lachen kann, ist er schon vor seinem Tode tot. Es hat einmal jemand geschrieben, daß die meisten Menschen schon mit vierzig tot sind, aber erst mit siebzig begraben werden. Er muß die Menschen ohne Humor gemeint haben. In der Bibel hat das Lachen keinen Platz, ebensowenig in den Schulbüchern. Aus Charlie Chaplins Film ‚Der große Diktator' könnten Kinder mehr über Hitler und Mussolini lernen als aus einem Geschichtsbuch. Da fällt mir gerade ein, daß ich irgendwo gelesen habe, Charlie glaube unbedingt an die Autorität des Vaters. So stoße ich dauernd auf Beispiele, die meinen Lieblingstheorien spotten. Verdammt noch mal, Charlie!

Verwenden Sie in Summerhill Intelligenztests?

Nein. Sie haben nur einen beschränkten Wert. Man erfaßt mit ihnen weder Phantasie, noch Humor und Erfindungsgabe; sie sind eine Angelegenheit des „Kopfes", und darauf legen wir in Summerhill keinen besonderen Wert. Aber vielleicht bin ich da voreingenommen. Das BBC-Fernsehen hat eine Sendung mit dem Titel ‚Pit Your Wits', in der Aufgaben wie die folgende gestellt werden: Fügen Sie in der Reihe 2-4-6-7-13 die beiden letzten Zahlen hinzu. Danach ist mein Intelligenzquotient um 75. Als ein Lehrer vor ein paar Jahren mit der ganzen Schule einen Test machte, hatten zwei Jungen und ein Mädchen einen höheren Intelligenzquotienten als ich. Trotzdem, wir halten nichts von Intelligenztests in Summerhill.

Ist es schwer, in Summerhill zu unterrichten?

Ja, sehr. Wenn der Besuch des Unterrichts freiwillig ist, muß man ein sehr guter Lehrer sein, um die Schüler bei der Stange zu halten. Auch in einer anderen Beziehung ist es nicht leicht. Ich hatte Lehrer, die zu uns kamen, weil sie mit dem Verstand für die Freiheit der Kinder waren, aber nach einigen Wochen stellte sich heraus, daß es ihnen nur um ihre eigene Freiheit ging, und sie benahmen sich ganz wie unfreie Kinder, wenn sie nach Summerhill kommen. In Freiheit zu leben ist keineswegs leicht, weder für Erwachsene noch für Kinder.

Vor dem WC im Erdgeschoß bildete sich einmal eine Schlange. Ich ging in den ersten Stock, und auch da war eine Schlange. Ein Junge wußte sich zu helfen und stieg durchs Fenster ein. Es stellte sich heraus, daß jemand die Türen von innen abgeschlossen hatte und durchs Fenster verschwunden war. Darauf ging ich ins Lehrerzimmer und erzählte, was passiert war.

„Oh, das war ich", sagte ein junger Lehrer, der frisch vom Seminar gekommen war.

„Warum haben Sie das gemacht?" fragte ich.

Da grinste er. „Schon immer habe ich das machen wollen, und zum erstenmal hatte ich jetzt eine Gelegenheit dazu." Selbstverständlich reagieren nicht alle neuen Lehrer so. Ich habe mit meinem Kollegium die ganzen Jahre Glück gehabt. Nur an einen Fall kann ich mich erinnern, wo ich zu einem Lehrer sagen mußte: „So dürfen Sie ein Kind nicht behandeln!" Natürlich habe ich nur Lehrer genommen, von denen man annehmen konnte, daß sie zu uns passen; maskuline Kraftnaturen mit geringem Einfühlungsvermögen und Lehrer mit festen religiösen Überzeugungen schieden von vornherein aus. Vielleicht war ich da etwas feige; einem Lehrer zu kündigen, ist mir nämlich die unangenehmste von allen meinen Aufgaben. Ich identifiziere mich wohl mit ihm und sage mir: Wie wäre dir selbst zumute, wenn man dich für ungeeignet erklärte? Meine erste Frau hatte in solchen Dingen eine besondere Begabung; sie konnte einer Köchin auf eine Art den Laufpaß geben, daß diese sich dabei noch geschmeichelt fühlte.

Für jemand, der auf Würde hält, wäre es fast unmöglich, in Summerhill zu unterrichten. Ohne Humor täte sich ein Lehrer sehr schwer. Wie ich wiederholt geschrieben habe, stelle ich einem Lehrer, den ich prüfen will, die Frage: „Kann ein Kind blöder Heini zu Ihnen sagen, ohne daß Ihnen das etwas ausmacht?"

Unsere Lehrer haben außer dem Unterricht keine bestimmten Pflichten. Lehrer haben es da einfacher als Lehrerinnen. Diese haben nämlich durchweg noch Aufgaben als Hausmütter, und nicht jede gute Lehrerin ist zugleich eine gute Hausmutter. Unsere Lehrer haben keine „Aufsicht", sie müssen nicht wie in den meisten anderen Schulen Spiele organisieren, Ordnung halten und Schulaufgaben überwachen. Hier kann ein Lehrer von halb zehn bis viertel nach eins seinen Unterricht geben und sich dann für den Rest des Tages ins Bett legen, wenn er will. Keiner tut das; alle haben ein ausgeprägtes Gemeinschaftsgefühl und beteiligen sich neben dem Unterricht aktiv am Gemeinschaftsleben.

Persönlich ziehe ich den Mann mit praktischen Händen vor. Ich hatte Lehrer, die von Public Schools kamen und von denen kaum einer einen Nagel einschlagen konnte. Meine Sympathie haben Leute, die sehen, wo es fehlt, die einen Schaden auf der Stelle beheben, Leute, die ein Loch, das sie in der Haupteinfahrt entdecken, mit zerkleinerten Ziegelsteinen ausfüllen. Aber leider scheinen die meisten Lehrer etwas gegen die Haupteinfahrt zu haben, jahrelang habe ich die Löcher selber ausgebessert. Natürlich, ich habe ein Auto, sie nicht. Ja, ich liebe Burschen, die mit Werkzeugen umgehen können; aber wenn sie meine ausleihen und nicht mehr zurückgeben, wünsche ich sie zum Teufel. Deswegen sollten Werkzeuge nie gemeinsam sein, gar nie. Jeder Garagenbesitzer kann das bestätigen.

In Summerhill zu leben ist leicht und schwer zugleich. Im allgemeinen kommen wir ohne Streitigkeiten miteinander aus. Ich habe so viele Lehrerzimmer gesehen, die mit Eifersüchteleien erfüllt waren. „Der Erdkundelehrer hat sieben Stunden in der Woche, und ich habe nur fünf für Mathematik." Hier streiten zwei Hunde um einen Knochen, an dem nicht einmal etwas Fleisch dran ist. Bei uns gibt es solche Rivalitäten nicht, die Freiheit macht auch Lehrer friedlich, vielleicht fragen deswegen so viele Besucher: „Welches sind nun die Schüler und welches die Lehrer?"

Es bewerben sich viele Lehrer um eine Stelle in Summerhill. Die gefährlichsten Bewerber sind diejenigen, die verkünden: „Ich muß einfach nach Summerhill kommen und bei Ihnen arbeiten. Summerhill ist für mich das Paradies. Ich würde meine rechte Hand hergeben, wenn ich an Ihrer wunderbaren Schule Lehrer sein könnte."

So ein Lehrer zeigt gewöhnlich schon nach wenigen Wochen Zeichen von Unzufriedenheit. Der Traum war zu schön, zu überirdisch. Nicht anders geht es einem Schüler, der von Summerhill gelesen hat und es für den reinen Zucker hält. Das führt immer zu Enttäuschung. Zwei unserer besten Lehrer kamen dagegen zu uns, ohne daß sie vorher etwas von der Schule gehört hatten. Wir haben in Summerhill die Füße auf dem Boden, auf dem flachen Boden East Suffolks, wo es keine Berge gibt. In neununddreißig Jahren war kein Besucher so neugierig zu fragen, wie wir zu dem Namen Summerhill gekommen sind. Der Name stammt von dem Haus, das wir in Lyme Regis hatten, einer hügeligen Stadt in Dorset, die wir 1927 verließen.

Macht unsre Bücher billiger!...

... forderte Tucholsky einst, 1932, in einem «Avis an meinen Verleger». Die Forderung ist inzwischen eingelöst.

Man spart viel Geld beim Kauf von Taschenbüchern. Und wird das Eingesparte gut gespart, dann zahlt die Bank oder Sparkasse den weiteren Bucherwerb: Für die Jahreszinsen eines einzigen 100-Mark-Pfandbriefs kann man sich drei Taschenbücher kaufen.

Pfandbrief und Kommunalobligation

Meistgekaufte deutsche Wertpapiere - hoher Zinsertrag - bei allen Banken und Sparkassen

Verbriefte  Sicherheit

VI Religion

Ist es recht, daß die Kinder nichts über Gott erfahren?

Diese Frage stellen gern Frauen über vierzig. Ich frage dann: Welchen Gott meinen Sie eigentlich? Den, der aus der Onanie eine Sünde macht, oder den, der das Weltall geschaffen hat? Meine Schüler kommen nicht aus religiösen Elternhäusern, und sie sind an Religion nicht interessiert. Gegen besseres Wissen nahm ich einen katholischen Jungen auf, und der Versuch schlug fehl. Der Junge lebte in einer Schule, die nicht an Sünde und Strafe glaubte, und in der Beichte sollte er seine Sünden bekennen, so daß der Bedauernswerte einfach nicht mehr wußte, was er nun eigentlich machen sollte.

Kürzlich wurde ich bei einem Vortrag gefragt: „Sie sind Atheist. Warum lehren Sie dann den Atheismus nicht?" Meine Antwort war, ebenso schlecht, wie das Christentum zu lehren, sei es, den Atheismus zu lehren. Wir beeinflussen die Kinder in keiner Weise; wir versuchen nicht, sie zu irgendeinem Glauben zu bekehren. Wenn es so etwas wie Sünde gibt, dann besteht sie in der Neigung der Erwachsenen, den Jungen vorzuschreiben, wie sie leben sollen, eine unsinnige Neigung, wenn man bedenkt, daß die Erwachsenen selbst nicht wissen, wie sie leben sollen.

Ich möchte hier nicht über Religion streiten. Ich könnte sie hinnehmen, wenn die Religion von ihren Anhängern gelebt würde, wenn diese auch die andere Backe darböten und alles, was sie haben, verkauften und den Armen gäben. Ich könnte die Religion bewundern, wenn der Vatikan und Canterbury das Leben Jesu in Armut verkörpern würden, anstatt ihren Reichtum zur Schau zu tragen und ihr Geld in der Wirtschaft anzulegen. Und ich muß mich fragen, warum die Nachfolger Christi so lebensfeindlich geworden sind, da sie doch Jünger des Mannes sind, der gefragt hat, ob einer ohne Sünde sei, so daß er den ersten Stein auf die Ehebrecherin werfen könne. Jesus bewies viel Liebe, Wohlwollen und Verständnis, aber unter seinen Nachfolgern waren auch Johann Calvin, der seinen Gegner Servet auf dem Scheiterhaufen rösten ließ, der heilige Paulus, der die Frauen haßte, und die Calvinistische Kirche von Südafrika, die die Apartheidspolitik unterstützt. Gerechterweise muß man zugeben, daß viele Christen Liebe und Wohlwollen bewiesen haben. Heute steht in der Zeitung ein Bericht von einer jungen Frau, die als Krankenschwester abgewiesen wurde, weil nur Christen den Patienten mit Liebe und Geduld begegnen können. Sie hatte bei ihrer Bewerbung gesagt, sie sei Atheistin.

Wir brauchen keine jenseitige Macht, um als Menschen das Gute zu tun. Es mutet einen komisch an, daß nach den Vorstellungen der Gläubigen Bertrand Russell ewig in der Hölle schmoren soll, während Billy Graham zur Rechten Gottes sitzen wird. Der Teufel kann mir leid tun, wenn er Russell Mores lehren soll. Wahrscheinlich wird er ihn höflich bitten, sich nach oben zu bemühen.

Sie scheinen in Summerhill das Geistige zu vernachlässigen.

Diesen Einwand muß ich oft hören, besonders von Schulleiterinnen. Es ist nicht leicht, darauf zu antworten, weil ich nicht recht weiß, was mit dem Wort geistig gemeint ist. Im Wörterbuch findet man die Bedeutungen: aus Geist bestehend; was die Natur eines Geistes hat; unkörperlich; gedanklich; intellektuell; seelisch; heilig; göttlich; auf die Gottesverehrung bezüglich; nicht weltlich oder zeitlich. Das ist ein bißchen viel auf einmal. Im allgemeinen geht es den Fragestellern wohl um die Religion, aber der eine oder andere hat auch die Kunst als Beispiel angeführt. Warum regen wir die Kinder nicht durch schöne Bilder an der Wand an? Ich liebe das Werk des norwegischen Malers Edvard Munch. In meinem Zimmer hängt eine Reproduktion seiner vier Mädchen auf einer Brücke. Wenn ich mich recht erinnere, ist es in einem Jahr nur einem einzigen Mädchen aufgefallen. Nicht nur Kinder sind für viele Dinge blind. Ein Besucher zeigte einmal auf eines meiner Mädchen: „Die ist wirklich hübsch!" Ich schaue hin und stimme ihm zu, aber vorher war es mir nicht aufgefallen. Meine Schule hatte zweimal sehr schön gelegen, auf einem Berg in Österreich und während des Krieges in Festiniog, North Wales. Herrliche Landschaft – aber nach ein paar Wochen bemerkten wir es nicht mehr.

Aber den Damen geht es wohl nicht um die Kunst. Nach ihrer Auffassung wird der Mensch in Niedrigkeit und Sünde geboren und muß erhoben und vervollkommnet werden, sonst bekommt man jene schrecklichen Kommunisten, die nur in materialistischen Kategorien denken. Gehört es doch zum Wesen der Religion, sich über das Irdische zu erheben. Ich verstehe nicht, was die Damen eigentlich wollen. Wenn ich eine Fleischpastete esse, bin ich materialistisch; was bin ich dann, wenn ich das ‚Preislied' oder den ‚Rosenkavalier' höre? Was ist ein Junge, wenn er ein Flugzeug bastelt und es fliegen sieht? Zum Leben gehört beides, das Materielle und das Geistige, und niemand kann sagen, wo das eine anfängt und das andere aufhört. Wenn ich in Edinburgh, einer der schönsten Städte, die ich kenne, die Princes Street hinabschaue, ist dann meine Freude geistig oder irdisch? Auf die Frage, ob das Schöne zum Leben nötig ist, antworte ich mit einem entschiedenen Ja. Aber ich glaube, daß das Schöne jeder selber finden muß. Keiner kann in seinem Leben an dem Schönen ganz vorbeigehen. Wir nehmen das Schöne unbewußt auf, wie in meinem Beispiel von der hübschen Schülerin, das ich vorher erwähnte. Was der eine schön findet, findet der andere häßlich, sonst würden alle dasselbe Mädchen lieben. Viele unserer früheren Schüler lieben klassische Musik, obwohl wir sie nicht dazu anleiteten, Mozart und Beethoven zu hören. Eine ganze Anzahl sind heute Künstler.

Jene Damen begreifen nicht, daß wir unsere eigenen Erfahrungen nicht einfach an andere weitergeben können; gewiß, bei mechanischen Dingen, wie man zum Beispiel einen Vergaser macht, ist das möglich, aber nicht bei seelischen Dingen. Jimmy ist sechsundzwanzig. Seine Eltern kamen in ihrer Not zu mir. „Er liebt das falsche Mädchen, und wir machen uns furchtbare Sorgen. Was sollen wir tun?"

Ich riet ihnen, gar nichts zu tun, und vor allem nicht zu versuchen, ihn zu beeinflussen, das würde ihn noch mehr an das Mädchen binden. Ich weiß nicht, wie es weitergegangen ist, aber vielleicht hat er das Mädchen geheiratet und später herausgefunden, daß sie ziemlich ordinär war. Ein Freund von mir starb an Lungenkrebs, nachdem er jeden Tag sechzig Zigaretten geraucht hatte. Keiner seiner Freunde sagte: „Vielleicht geht es mir auch so; ich werde mit dem Rauchen aufhören oder zur Pfeife übergehen." Der Erste Weltkrieg war geführt worden, um den Kriegen für immer ein Ende zu machen. Und da sagt man, daß wir aus der Erfahrung lernen.

Meine Antwort auf die Frage nach dem Geistigen ist unbefriedigend. Das Wort hat so viele Bedeutungen; jeder definiert es wieder anders. Mit Genugtuung stelle ich fest, daß wir in Summerhill keine bewußten Anstrengungen machen, die Kinder auf eine höhere Stufe zu heben. Davon bekam ich genug zu sehen, als ich meine Schule in Deutschland hatte. Dort mußten in einer Schule alle Schüler vor dem Frühstück eine halbe Stunde lang Bach hören. Kein Wunder, daß Deutschland an einen Hitler und Göring geriet. „Wenn ich das Wort Kultur höre, greife ich zum Revolver." Es hat einmal jemand geschrieben, man müsse an Misthaufen vorbeigehen, um den Duft der Rosen richtig zu schätzen. Konnten die Nazis ihren Mist vielleicht deshalb an den Mann bringen, weil sie zuviel von ihren Großen – Goethe, Wagner, Beethoven, Schiller – im Kopf hatten?

VII Psychologie

Sind Sie ein Anhänger von Wilhelm Reich?

Ich hoffe nicht, irgend jemandes Anhänger zu sein. Keiner sollte der Schüler eines anderen bleiben. Man sollte von anderen das übernehmen, was einem wertvoll erscheint. Sich auf eine Richtung festlegen heißt stillstehen. An der psychoanalytischen Bewegung kann man sehen, mit welcher Enge Jüngerschaft verbunden ist; ist einer ein Anhänger von Jung oder von Melanie Klein, so ignoriert er alles, was Adler oder Reich sagen. Natürlich sind wir alle nicht ohne Befangenheit. Wenn der Rektor einer englischen Public School ein Buch über Erziehung schriebe, würde ich darin höchstwahrscheinlich nichts finden, was für mich von Wert wäre.

Ich lernte Reich 1937 in Norwegen kennen. Seine Theorie, daß Neurosen mit körperlichen Spannungen verbunden sind, faszinierte mich. Damals wurde ich sein Patient und lernte die Technik seiner Therapie. Indem er die Muskelspannungen löste, löste er die Emotionen; das geschah oft gewaltsam. So wurde ich bei Reich in sechs Wochen mehr Komplexe los als in jahrelanger gesprächsweiser Analyse. Abgesehen davon machten seine Schriften einen tiefen Eindruck auf mich, ich war von ihrer Wahrheit überzeugt. Meine Verbindung mit Reich wirkte sich jedoch nicht auf meine Schularbeit aus. Summerhill hatte schon sechsundzwanzig Jahre bestanden, als ich ihn kennenlernte, und das Zusammentreffen änderte an der Schule direkt nichts. Indirekt freilich mochte es sich auswirken, denn Reichs Therapie hatte mir außerordentlich geholfen.

Seine späteren Arbeiten über Orgonenergie habe ich nicht verstanden, es fehlt mir dazu die naturwissenschaftliche Begabung und Ausbildung. Ich habe nie seine Regenmaschine gesehen, aber mein Freund Dr. Walter Hoppe in Tel Aviv erzählte mir, daß er einige erstaunliche Erfolge beim Sprengen von Wolken hatte.

Reich starb im Gefängnis an einem Herzschlag. In Amerika wurde er schwer verleumdet; er hatte viele Feinde, was allein schon beweist, daß er ein großer Mann war. Ärzte und Naturwissenschaftler sind gegen seine Orgontheorie Sturm gelaufen, normalerweise läuft man gegen Theorien von Spinnern nicht Sturm. Einen Mann, der glaubt, die Erde sei eine flache Scheibe, haßt man nicht, man lacht ihn aus. Reich wurde nicht ausgelacht, sondern als Paranoiker abgestempelt. Wenn Reich verrückt war, und die Männer — sagen wir — im Pentagon und in Westminster normal sind, dann kann ich nur sagen, daß wir in einer sonderbaren Welt leben.

Ich bin kein Reichianer; ich bin nur ein bescheidener Zeitgenosse, für den Reich ein Genie war, ein Mann von großer Einbildungskraft und tiefer Menschlichkeit, der entschieden auf der Seite der Jugend, des Lebens und der Freiheit stand. In meinen Augen ist er der größte Psychologe nach Freud.

Messen Sie der Aggression die gleiche Bedeutung bei wie die Freudianer?

Die Freudianer studierten wahrscheinlich die falschen Kinder. Es waren Kinder, deren Charakter durch Beeinflussung von außen geformt worden war und deren natürliche Instinkte dadurch verdreht und ins Antisoziale gekehrt waren. Ich habe nicht genügend frei aufgewachsene Kinder gesehen, um über ihr Verhalten ein Urteil zu fällen, sie scheinen jedoch weniger aggressiv zu sein als die meisten Kinder. Ich beobachte bei ihnen kein rücksichtsloses und destruktives Verhalten und keine Prügeleien.

Das Wort Aggression ist unbestimmt. Manche würden einen achtjährigen Jungen, der brüllt, aggressiv nennen. Für mich ist Aggression, wenn man sich ohne Rücksicht auf andere vordrängt, und gerade das tut ja ein Kind mit sieben. „Ich auch! Ich zuerst!" Die Zeit heilt diese Art von Aggression, aber nur wenn sich das Kind frei fühlt. Bei Erwachsenen ist Aggression infantil und meistens dumm. Homer Lane pflegte es so zu formulieren: Ein kleines Kind möchte den Apfel allein aufessen, und wenn man ihm sagt, es solle ihn mit seiner Schwester teilen, so ist es ganz natürlich, daß es seine Schwester haßt. Später, sagte Lane, wird es ihm eine größere Freude machen, den Apfel mit seiner Schwester zu teilen, als ihn selbst zu essen. Hier scheint mir Lane doch zu idealistisch gewesen zu sein. Mit fast neunzig Jahren habe ich es gar nicht gern, wenn ich meine Werkzeuge oder mein Auto mit jemand teilen soll, aber ich beruhige mich mit dem Gedanken, daß ich oft Fußgänger in meinem Auto mitnehme.

In Summerhill kommt aggressives Verhalten häufig vor, besonders im Alter von acht bis vierzehn, was ich das Gangsteralter nenne. Die Jungen tyrannisieren oft andere und machen Sachen kaputt, während bei Mädchen die Aggression als Gehässigkeit erscheint. Wir müssen dieses Stadium ertragen; das Verdrießliche ist nur, daß andere Leute den Nutzen davon haben, wenn die Kinder nachher ohne Aggressivität weggehen, nachdem wir uns jahrelang mit aggressivem Verhalten herumschlagen mußten. Brutales Verhalten gegen Schwächere zeigen häufig Jungen, die zu Hause jüngere Brüder haben. Dieses Tyrannisieren geschieht unbewußt, aber ein Neunjähriger sagte einmal, als man ihn fragte, warum er ein Mädchen von sechs Jahren immer schlage: „Weil sie wie meine Schwester aussieht."

Unsere Kinder zeigen wohl weniger Aggression als solche, die streng erzogen werden. Bei der Heimfahrt im Zug sitzen unsere ruhig da, aber ich sehe oft andere Schüler in die Ferien fahren: gerät ein jüngerer Schüler in ein Abteil mit älteren, so spielen diese ihm übel mit. Wenn die Lehrer aggressiv sind, machen es ihnen die Schüler nach. Und wenn Eltern strafen, machen sie ihre Kinder aggressiv. Das beste Mittel gegen Aggression ist, sich auf die Seite des Kindes zu stellen. Nach der landläufigen Vorstellung ist der Mensch von Natur aggressiv, aber er verbirgt es hinter der Miene guten Einvernehmens. Wenn er betrunken ist, verschwinden seine Hemmungen, daher so viele Wirtshausstreitigkeiten. Ist das wirklich so? Ist Aggression nicht die Folge von Verhinderung, von Frustration? Ich frage mich das, weil die aggressivsten Schüler, die ich habe, immer diejenigen sind, die zu Hause und in der Schule am strengsten gehalten wurden. Wenn ich unter den früheren Schülern einen nennen sollte, den ich für aggressiv halte, käme ich in Schwierigkeiten. Keiner von ihnen geht in einen Beruf, der Aggressivität verlangt, in dem man andere herumkommandieren muß. Andererseits scheinen sie Berufe zu meiden, in denen man herumkommandiert wird.

In meiner Jugend zeichneten sich die Rowdies an unserer schottischen Dorfschule gewöhnlich durch geringe Begabung aus. Ein intelligenter Bursche konnte sich mit einer schlagfertigen Antwort wehren, ein dummer konnte nur mit der Faust dreinschlagen. Man braucht nur daran zu denken, daß die Schleifertypen beim Kommiß im allgemeinen ziemlich dumm sind. Müssen wir also Aggressivität mit geringer Intelligenz gleichsetzen? Möglicherweise, sehen wir doch, daß der Rowdy des Gangsteralters meistens nicht sehr intelligent ist. Ich habe beobachtet, daß die Jungen in meiner Schule, die weder schlagen noch geschlagen werden, sich sehr geschickt aus Händeln heraushalten. Ich halte nichts von Aggression. Sie hat noch nie ein Buch geschrieben, ein Bild gemalt oder eine Brücke gebaut. Aggressive Soldaten, Lehrer und Polizisten schaffen nichts; sie erregen nur Haß und Furcht.

In einer freien Umgebung gibt es für die kindliche Aggression ein Ventil, aber was wird aus ihr bei einer strengen Erziehung? Wahrscheinlich bleibt sie tief im Inneren des Menschen eingeschlossen und kommt dann später als Haß gegen das Leben, Sexfeindlichkeit und Streitsucht heraus. Offensichtlich gibt es nur ein sicheres Mittel gegen die Aggressivität: Man muß dem Kind die Freiheit geben, sich auf seine eigene Art und nach seinem eigenen Zeitmaß zu entwickeln.

In Ihren Schriften scheinen Sie keine psychologischen Fachausdrücke wie Über-Ich usw. zu verwenden.

Das ist richtig. Ich interessiere mich nicht besonders für semantische Probleme. Definitionen sind oft nur verwirrend. Psychiater sprechen von manisch-depressiv, paranoisch, schizophren und hundert anderen Dingen, aber ich habe keine Ahnung, worin nun die Unterschiede im einzelnen bestehen sollen. So ist es auch bei den psychologischen Begriffen. Was ist mit dem Über-Ich gemeint? Man versteht darunter wohl den Teil der Person, der durch äußere Einflüsse geformt worden ist, das Gewissen, das uns allen in der Jugend eingeprägt und eingebleut worden ist, aber wie es sich von dem Ich unterscheidet, weiß ich nicht. Da ich kein großer Denker und Philosoph bin, bevorzuge ich einfache Begriffe. Ich stelle mir die Natur des Menschen als eine dreifache vor. Da ist einmal das Es, die unbewußten Antriebe, die die Ursache sind, daß wir essen und atmen und sexuelle Regungen haben. Dann gibt es das, was man das Freudsche Unterbewußtsein nennen kann, den Parkplatz für unsere Verdrängungen. Unser Seelenleben ist gewissermaßen eine Verbindung von beiden, plus einem gewissen Denkvermögen. Neurosen entstehen, wenn es zu einem Konflikt zwischen dem Es und dem Bewußtsein kommt. Deswegen kann ich auch nicht an einen freien Willen glauben. Gewiß kann ich mir vornehmen, das Rauchen aufzugeben; ich kann entscheiden, daß ich meinen Urlaub lieber in Frankreich als in Schweden verbringen will; wenn es aber um entscheidendere Dinge geht, habe ich über meinen Willen keine Macht. Laß einen Jungen in einem Elendsviertel aufwachsen, gib ihm einen brutalen Vater und eine zänkische Mutter; laß ihn von jeder Art von Kultur unberührt sein und seine Jugend in einer Bande ähnlicher Jungen verbringen. Wie soll dieser Junge je zu einem freien Willen kommen? Mach aus einem Kind einen Katholiken und präge es nach dieser Religion. Wie soll es dann später den freien Willen haben, Baptist oder Atheist zu werden? Wie viele ehemalige Etonschüler können sich für die Labour Party oder für die Kommunistische Partei entscheiden? Unser Wille wird durch die Formung in der Kindheit abgetötet, und was wir das Über-Ich nennen, ist das Produkt dieser Formung. Wir haben unser Wollen nicht in der Hand. Ob man Kommunist oder Faschist oder ein Mitglied der Moralischen Aufrüstung wird, hängt nicht von unserem Willen ab. Wenn man sich als junger Mensch verliebt, so hat man sich das nicht bewußt vorgenommen.

Also ist alles vorherbestimmt? Ich würde sagen, alles Entscheidende; nicht, ob man die Marke Players oder Senior Service raucht. Es kann keinen freien Willen geben, solange es Charakterformung gibt, und so gesehen ist Summerhill ein Ort, wo wir herausbekommen wollen, wie es freien Willen geben kann, wenn die Charakterformung von außen abgeschafft ist. Die Freiheit, wir selber zu sein, ist ohne Freiheit des Willens nicht möglich, aber wer kann er selber sein? Unsere Schüler sehen sich wie alle anderen vielen lebensfeindlichen Einflüssen gegenüber. Ihr eigenes Gesetz, daß Fluchen nur innerhalb der Schule erlaubt ist, zeigt, daß sie die öffentliche Meinung berücksichtigen und sich von ihr beeinflussen lassen.

Ich vermeide psychologische Fachausdrücke so gut es geht, weil ich ein einfacher Mensch bin. Ich möchte Dinge und Menschen nicht klassifizieren. Klassifizierungen überschneiden sich immer. Es gibt keinen Menschen, der nur Sadist oder nur Masochist oder nur Homosexueller wäre. Oscar Wilde hatte eine Familie; auch Lesbierinnen haben Familien gehabt. Was meinen wir, wenn wir einen Menschen als neurotisch bezeichnen? Hat man nicht ein Genie wie Wilhelm Reich einen Verrückten genannt? Wir alle haben neurotische Züge, wir sind alle ein bißchen verrückt. Deswegen scheue ich Etikettierungen aller Art — sogar das Etikett Summerhillianer.

Soll sich ein Lehrer analysieren lassen?

Diese Frage ist nicht leicht zu beantworten. Ich weiß nicht, ob die Analyse beispielsweise einem Geschichtslehrer helfen würde, einen besseren Geschichtsunterricht zu geben. Wahrscheinlich nicht viel. Aber ein Lehrer, der mit Problemkindern zu tun hat, könnte großen Nutzen davon haben. Man kann so sagen: wenn einer einen Mutterkomplex hat und sich darüber nicht im klaren ist, so wird er höchstwahrscheinlich nicht in der Lage sein, den Mutterkomplex bei einem Kind zu sehen. Wenn einer an schweren sexuellen Verdrängungen leidet, so wird er nicht fähig sein, das sexuelle Verhalten eines Kindes unbefangen zu sehen. Die Analyse ist kein Allheilmittel für alle seelischen Schäden, aber sie hilft einem, toleranter, nachsichtiger und verständnisvoller zu werden. Ich möchte sagen, wenn man analysiert worden ist, kann man nicht mehr richtig wütend werden, aber mein alter Freund Reich würde mir da widersprechen, wenn er noch am Leben wäre, ebenso wie Wilhelm Stekel.

Das ist eine sehr umstrittene Frage. Es ist außerordentlich schwer, hier objektiv zu sein. Es gibt viele Für und Wider, die letzteren liegen mehr auf der Hand, für viele scheint nämlich die Analyse eine Art Krücke zu werden, so daß man Patienten treffen kann, die schon jahrelang in Behandlung sind. Zuerst einmal müssen wir definieren, was wir unter Psychoanalyse verstehen. Man versteht darunter eine Freudsche Analyse, deshalb ist es besser, von Therapie zu reden, aber das ist nicht leicht zu definieren. Bei Freud bedeutete es das Vordringen ins Unterbewußtsein, den Versuch, das Kindheitstrauma aufzuspüren, das die Neurose verursacht hat, in der Regel ein sexuelles Trauma. Heute sieht die Therapie etwas anders aus. Die Therapie der zwischenpersönlichen Beziehung, die in Amerika im Schwange ist, scheint nicht nach Kindheitserinnerungen und -ursachen zu fragen. Ich habe einige neuere Krankheitsgeschichten in amerikanischen Büchern gelesen. Bei keinem der Patienten scheint die Sexualität eine Rolle zu spielen. Wenn man also gefragt wird, ob sich ein Lehrer analysieren lassen soll, muß man zurückfragen, in welcher Art, nach welcher Schule analysiert werden soll.

Ist es nötig, so tief zu schürfen, bis man auf versteckte Homosexualität stößt, auf den Ödipuskomplex, auf die Dinge, die Melanie Klein bei ihren kleinen Patienten gefunden hat? Ich kann das nicht beurteilen; mir geht es hauptsächlich darum, einen Weg zu finden, wie ich die Ursachen kindlicher Verdrängungen und Fixierungen beseitigen kann. Wie viele große Männer sind überhaupt analysiert worden? Freud selber hat sich nie analysieren lassen. Die großen Künstler, die großen Musiker und Schriftsteller haben sich nie analysieren lassen. Ihre Kunst war gewissermaßen eine Art von Selbstanalyse.

Ich werde oft gefragt, ob man sich selbst analysieren könne. Die Antwort ist nein. Ein Hauptbestandteil in jeder Analyse ist der Widerstand gegen die Erforschung der seelischen Tiefen, und wahrscheinlich ebenso wichtig ist die Übertragung, die Projizierung kindlicher Gefühle, die ursprünglich auf den Vater oder die Mutter gerichtet waren, auf den Analytiker. Die Analyse ist das langwierige, Geduld erfordernde Geschäft, die Widerstände gegen die Erkenntnis der Wahrheit zu überwinden. Bei der Selbstanalyse ist das nicht möglich. Der Mensch ist nicht imstande, unangenehmen Tatsachen ins Auge zu sehen, jede Selbstanalyse muß deswegen ziemlich oberflächlich bleiben. Man kann sich fragen: Warum bin ich in letzter Zeit immer so gereizt? Ich weiß: Weil meine Frau abweisend geworden ist und kein Sexualleben wünscht. In den meisten Fällen ist uns mit solcher Selbstanalyse nicht viel geholfen. Damit will ich nicht sagen, daß diese Versuche ganz unnütz sind. Wenn ein Lehrer sich klarmachen könnte: „Ich verhaue diesen armen Teufel, weil ich einen Katzenjammer habe", so würde er nicht so kräftig zuschlagen, vielleicht würde er über sich lachen und es bei einem leichten Klaps bewenden lassen. Das Dumme ist, daß die Dinge nie einfach liegen, daß so vieles mannigfach bedingt ist. „Wir hassen in anderen, was wir an uns selbst hassen", hat jemand gesagt, und im Falle des prügelnden Lehrers könnte der Junge für das stehen, was der Lehrer in sich selber haßt, so daß ihm die Katzenjammererklärung nicht viel helfen würde. Die Introspektion dringt nicht sehr tief, aber ein Optimist wird es immer wieder versuchen.

Auf gar keinen Fall sollte man einem Verwandten den Rat geben, sich einer Analyse zu unterziehen, besonders wenn es sich um die eigene Frau oder den eigenen Mann handelt. Der Betroffene sagt sich nämlich immer: „Ich bin ihm (ihr) anscheinend nicht gut genug; er (sie) ist der Meinung, daß bei mir etwas nicht stimmt. Die Analyse soll der Teufel holen!" Und wenn der Patient sich schließlich überzeugen läßt, sich in Behandlung zu begeben, so kann ich nur den Therapeuten bedauern, denn er wird einen Berg von Widerständen zu überwinden haben. Ehepaare sollten auch nicht versuchen, sich gegenseitig zu analysieren. Das kann gefährlich, ja verhängnisvoll werden.

Hier möchte ich etwas zu der Reichschen Analyse sagen. Manche lesen seine Bücher und stellen sich die Sache einfach vor. Der Patient legt sich nackt auf eine Couch, und man braucht nur die Anspannungen und Versteifungen der Muskeln zu beseitigen, und dann purzeln die Komplexe und Kindheitserinnerungen heraus. Kann ich mich da nicht auch als Orgontherapeut versuchen?

Das ist sehr gefährlich. Ich weiß aus eigener Erfahrung, daß die Reichsche Behandlung heftige Gefühlsreaktionen hervorruft, und wenn es sich um keinen ausgebildeten Therapeuten handelt, kann das für den Patienten sehr gefährlich werden, wobei Selbstmordgefahr nicht ausgeschlossen ist. Deshalb bestand Reich darauf, daß nur ausgebildete Ärzte seine Methode anwenden können. Darin hatte er recht. Ein Laientherapeut könnte meinen, eine Spannung an einem Hals- oder Bauchmuskel vor sich zu haben, während es in Wirklichkeit eine Geschwulst oder ein Gewächs sein kann. Reich hatte recht, aber ich habe nie verstanden, warum die psychologische Analyse in die Zuständigkeit der Mediziner fallen soll. Ärzte werden normalerweise, wenn es sich nicht um Spezialisten handelt, nicht in Psychologie und Psychiatrie ausgebildet, so daß sie nicht mehr qualifiziert sind, die Seele zu behandeln, als Lehrer oder Klempner. Wenn ich ein Problemkind analytisch behandeln würde und es stürzte sich von einer Brücke, könnte mich der Staatsanwalt über meine Befähigung zur therapeutischen Behandlung verhören, wenn aber irgendein praktischer Arzt ein paar Bücher über Analyse liest und versucht, einen neurotischen Patienten zu behandeln, der sich dann die Kehle durchschneidet, dann wird der Staatsanwalt keine Untersuchung über seine Berechtigung anstellen.

Sollst du dich also analysieren lassen, Lehrer? Das mußt du selbst entscheiden, mein Lieber.

Ist schöpferische Tätigkeit ein geeignetes Mittel zur Behandlung jugendlicher Neurotiker? Ich denke an Musik, Malen und vor allem Tanzen.

Wenn ich mich recht erinnere, habe ich in einem meiner Bücher beschrieben, wie ich den Tanz in Deutschland erlebt habe. In unserer Internationalen Schule Hellerau bei Dresden (1921—23) hatten wir eine Klasse nur für Rhythmik und Tanz. Es waren Mädchen von sechzehn an. Oft gab es Solotanzabende. Sehr viele wählten einen „Totentanz", und ich habe mir den Kopf zerbrochen, warum diese Mädchen, die ihre Gefühle den ganzen Tag in Bewegungen ausdrückten, Totentänze wählten. Dieses Erlebnis erschütterte meinen Glauben, den ich bis dahin hatte, daß Bewegung eine heilsame Wirkung habe.

Tänzerische und musikalische Betätigung sind nicht an sich schon heilsam. Es würde mich interessieren, wie viele wirklich entspannte Mädchen es in einem Opernchor, einer Kunst- oder Musikschule gibt. Man muß nämlich wissen, daß die meisten dieser Schulen keine wirkliche Freiheit kennen. Die Mädchen stehen unter strenger Disziplin. Die wunderbaren russischen Tänzerinnen werden wohl wie Soldaten gedrillt. Am geringsten ist der Zwang wahrscheinlich bei den Kunststudenten, die dastehen oder dasitzen und malen.

Wenn man Kindern die Freiheit läßt, sich frei zu entwickeln, sind Bewegung und Rhythmus ihnen förderlich. In den ganzen Jahren habe ich beobachtet, daß unsere Kinder tanzen lernen, ohne Stunden in Foxtrott, Tango, Twist zu nehmen; sie wollen sich die Bewegungen selbst erfinden.

Die Kinder sollen also möglichst viel tanzen und musizieren, aber ohne Drill und formalen Zwang. Aber wie steht es mit dem Theaterspiel? Wirkt es befreiend? Auf einem Gebiet hat es erstaunliche Erfolge. Ich hatte viele Stotterer in der Schule, aber jedesmal, wenn einer in einem Stück mitspielte, konnte er fließend und richtig sprechen. Vermutlich lag es daran, daß er durch die Verwandlung in eine andere Person ein normal sprechendes Kind wurde. Dies deutet darauf hin, daß ein Schauspieler ein Mensch ist, der vor sich selber wegläuft. Ist das so schlimm? Wir alle flüchten uns in Theaterstücke, Romane, Filme, in den Rausch, in banale Unterhaltungen über Nichtigkeiten.

Gar nicht angetan bin ich von bestimmten Spielen für Schüleraufführungen, meistens sind es kleine moralische oder sentimentale Geschichten mit geflügelten Engeln und Märchenfeen. Ich bin auch entschieden dagegen, daß Kinder Stücke von Shakespeare aufführen. In Summerhill schreiben sie ihre eigenen Stücke, machen die Kostüme dazu und setzen sie selbst in Szene. Das spannendste Theaterspiel an unserer Schule sind jedoch die improvisierten Szenen an Sonntagabenden. Das kann an jeder Schule gemacht werden. Ich beginne mit einfachen Situationen — Blumen pflücken, einen schweren Schubkarren schieben, ein Blinder beim Überqueren der Straße. Dann gehe ich zu Gesprächen über. Einen Polizisten nach dem Weg fragen; ein Mädchen fragte einmal einen Londoner Polizisten, wo der Bahnhof sei (Anmerkung für Provinzbewohner: London hat nicht weniger als acht große Endstationen); man will den Arzt anrufen und wird aus Versehen mit dem Schlachter verbunden; ein Junge führte einmal ein verwirrendes Gespräch über Leber. Bei diesen Improvisationen kommt es nicht so sehr auf das Theaterspiel an, wichtiger ist, daß die Kinder daran Spaß haben und sich etwas einfallen lassen. Bezeichnend ist die völlige Abwesenheit von Nervosität; man kann keine Zeilen vergessen. Freien Kindern gelingen diese Szenen wohl am besten. Einige Lehrer von staatlichen Schulen haben mir gesagt, daß sie ihre Schüler nur schwer dazu bringen können, ihre Verlegenheit und ihre Furcht vor dem Versagen abzulegen. Die Hauptsache ist, daß es allen Spaß macht. Vermutlich entspannt und befreit das mehr als Tanzen.

Würde es meinen Schülern psychologisch etwas nützen, wenn ich ihnen die Symbolik in ihren Geschichten und Bildern erklärte?

Diese Frage stellte ein junger Lehrer, der sich gerade einer Analyse unterzieht. Meine Antwort ist: auf gar keinen Fall. Ich weiß aus eigener Erfahrung, daß man als junger Lehrer versucht ist, sein bißchen Wissen zu erproben. Vor fünfzig Jahren las ich ein Buch über Hypnose und meinte, ich müßte mich darin einmal versuchen. Ich hypnotisierte eine junge Frau, und als sie schlief, sagte ich zu ihr: „In zwei Minuten werden Sie aufwachen und mich fragen, was meine Stiefel („boots") gekostet haben." Nach zwei Minuten wachte sie auf und sah mich verlegen an. Sie hatte die Hypnose offensichtlich vergessen. „Verzeihung", sagte sie, „ich muß eingeschlafen sein." Eine Weile saß sie schweigend da.

„O Gott!" rief sie plötzlich. „Als ich heute morgen in die Stadt ging, habe ich ganz vergessen, für meine Mutter Aspirin zu kaufen, obwohl ich bei Boots war." Boots sind die bekannten Apotheken. Ihr Blick fiel auf meine Stiefel („boots").

„Ich habe mich schon gefragt, wo Sie diese Stiefel bekommen, die vorne so breit sind; was haben sie gekostet?"

Es hatte also geklappt, und das nächste Mal, als ich sie zum Schlafen brachte, sagte ich: „Multiplizieren Sie 3576856 mit 568."

Als sie aufwachte, sah sie furchtbar aus.

„O Gott, ich habe entsetzliches Kopfweh."

Ich habe nie wieder eine Hypnose versucht. Nur die Jungen erdreisten sich, mit dem Feuer zu spielen. Und die Frage dieses jungen Mannes rührt an eine gefährliche Sache. Ein Mädchen malt eine Landschaft: auf beiden Seiten steht jeweils ein großer Baum, der eine ist eine Fichte, ein Vatersymbol, der andere ein ausladender Kastanienbaum, ein Muttersymbol. In der Mitte steht einsam ein verkrüppelter Baum — das Mädchen. Das Bild symbolisiert ihre Lage — Eltern, die aufgehört haben, einander zu lieben, die unglücklich sind und dem Kind nicht genug Liebe geben können. Aber was für einen Wert hat es, dem Kind zu sagen, daß das Bild seine häusliche Situation darstellt? Es würde nichts nützen; vielleicht würde es ihm sogar die Freude am Malen verleiden. Damit möchte ich nicht sagen, daß Picasso das Malen aufgeben würde, wenn ihm ein Analytiker die Symbolik seiner Bilder erklärte. Dazu ist seine Kunst viel zu tief in ihm verwurzelt. Dennoch weiß man nie, was man anrichtet.

Vor fünfzig Jahren hatte ich einen Studienfreund, der ein sehr guter Boxer war; aber wenn er abends zum Boxen ging, mußte ich ihn immer begleiten, weil er sich fürchtete, nachts allein durch die Londoner Straßen zu gehen. Er unterzog sich einer Psychoanalyse, und es stellte sich heraus, daß sein Boxen mit einem Komplex zu tun hatte; er ließ immer die Hände fallen, um dadurch seine Genitalien zu schützen — der gute alte Kastrationskomplex. Er hat nie wieder geboxt.

Eines meiner Mädchen schrieb eine Geschichte, die offensichtlich den Ödipuskomplex zum Inhalt hatte: ein Vater, eine böse Hexe (die Mutter) und eine schöne junge Prinzessin (sie selbst). Der Vater heiratete die Prinzessin. Wie könnte man wagen, da einzugreifen und ihr die Geschichte zu erklären?

Der alte Irrtum lebt noch fort, daß das Bewußtmachen eines Komplexes durch die Aufdeckung seiner Entstehung diesen schon heilt. Aber das stimmt nicht. Ich bin dagegen, daß man Kinder auf die Symbolik in dem, was sie tun oder sagen, hinweist. Die Deutung der Symbolik ist immer willkürlich. Ist eine Schlange ein Symbol für den Penis? Steht ein Stier für den Vater? Ist eine Krawatte ein phallisches Symbol? Was ist da gesichert? Es sieht ganz so aus, als sei Aladins Lampe phallisch; C. G. Jung hat darauf hingewiesen, daß er nur an ihr zu reiben braucht, um alle Herrlichkeiten der Welt zu erleben. Ich unterzog mich einer kurzen Analyse bei Wilhelm Stekel, einer der großen Autoritäten auf dem Gebiet der Symbolik. Seine Deutung von Traumsymbolen war faszinierend, aber war damit seinen Patienten viel geholfen?

Stekel erzählte uns, daß er einmal bei einem Künstler eingeladen war. Das Gespräch der Gesellschaft kam auf die Symbolik, und Stekel gab seinen Beitrag. Der Gastgeber war damit nicht einverstanden.

„Das ist doch Unsinn, Stekel, ich glaube kein Wort davon." Er zeigte auf ein Bild an der Wand. „Soll in dem Stilleben, das ich da gemalt habe, auch Symbolik sein?"

Stekel setzte seine Brille auf.

„Ja."

„Was für Symbolik?"

„Oh, das kann ich vor den andern nicht sagen", erwiderte Stekel.

„Unsinn", rief der Künstler, „wir sind hier lauter Freunde. Heraus damit."

„Nun gut. Als Sie dieses Bild malten, hatten sie gerade ein Dienstmädchen verführt; sie wurde schwanger, und Sie suchten jemand für eine Abtreibung."

Der Künstler wurde bleich.

„Mein Gott!" rief er.

Ich fragte Stekel, wie er darauf kam.

„Bei dem Bild handelte es sich um einen gedeckten Tisch. Aus einer Flasche war Rotwein verschüttet worden — das Blut (der Abortus); auf einer Platte lag eine Wurst, die ganz wie ein Foetus aussah." Wie er zu dem Dienstmädchen gekommen war, daran kann ich mich nicht mehr erinnern.

Symboldeutung ist wie ein Kreuzworträtsel, ein unterhaltendes Spiel. Ich bin sicher, daß sie nie einem Patienten geholfen hat, und wahrscheinlich sind viele Analytiker davon abgekommen. Ich habe mir sagen lassen, daß eine ganze Anzahl Freudscher Analytiker sich nicht mehr der Traumdeutung bedient — der Via Regia zur Kenntnis des Unbewußten, wie sie Freud genannt hat. Jedenfalls sollte ein Lehrer nie an Symbole rühren. Wenn er von der Psychologie Gebrauch machen will, sollte es mehr in Taten als in Worten geschehen. Es ist oft viel besser für ein Kind, wenn man es liebkost, als wenn man seine Träume deutet. Ein Lehrer muß geben und immer wieder geben und nicht fragen, was er dafür erhält. Dabei sollte er nicht geben, um die Liebe des Kindes auf sich zu ziehen. Ich hatte Lehrer, die nie ein Kind tadelten, um sich nicht unbeliebt zu machen. Aber sie waren keine beliebten Lehrer; die Schüler durchschauten sie, und wahrscheinlich verachteten sie sie sogar. Die Moral davon: Liebe kann man nicht kaufen.

Ich möchte nicht sagen, daß Lehrer nicht Psychologie studieren sollen. Es sind viel zu wenige, die das tun. Wenn ich einen herausfordernden Aufsatz für eine pädagogische Zeitschrift schreibe, bekomme ich selten eine Antwort, schreibt man aber über den Geschichtsunterricht, gibt es einen Haufen Korrespondenz. Lehrer scheinen vor allem, was mit Gefühlen zu tun hat, zurückzuschrecken, und Psychologie ist vor allem das Studium der Gefühle.

Ich bekomme Briefe, in denen gefragt wird, ob ich eine Liste von lesenswerten Büchern über Kinderpsychologie angeben könne. Damit kann ich nicht dienen, vor allem weil ich in so großer Entfernung von einer großen Stadt wohne; über neue Bücher kann ich mich nur informieren, wenn ich sie kaufe. Und kein Schotte wird zwanzig Mark für ein Buch ausgeben, das er nur einmal liest. Es ist ein weites Feld. Da ist zum Beispiel ein neueres Buch ‚Crime, Punishment and Cure' von Sington und Playfair. Es gehört nicht in die Sparte Kinderpsychologie, aber diese Untersuchung über Verbrechen und ihre Ursachen muß jeden Leser veranlassen, sich über unsere Werte in der Erziehung Gedanken zu machen. Es ist ein glänzendes Buch, unparteiisch, wahr, vorwärtsblickend. Ich empfehle nie Bücher über Experimentalpsychologie, die beim Universitätsstudium den ersten Platz einzunehmen scheint. Ich weiß so gut wie nichts darüber, und das wenige, das ich weiß, scheint mir von geringem Wert zu sein, wenn ein Student, der in Psychologie sein Examen gemacht hat, sich später mit Problemkindern befassen muß. Es will mir nicht einleuchten, was die Erforschung dessen, was Ratten unter bestimmten Umständen tun, mit dem Verhalten von Kindern zu tun hat. Wenn man Ratten dressiert, werden sie sich anomal verhalten, und wir wissen doch längst, daß Kinder aufhören, natürliche Kinder zu sein, wenn man sie dressiert. Statt die Ratten zu erforschen, sollte man die Verkehrtheiten in der Kindererziehung studieren, die zu Neurosen führen. Jedenfalls würde ich einen Lehrer nicht auf Grund seines Examens in Psychologie einstellen, denn ich hätte noch große Zweifel, ob er genug von der kindlichen Natur versteht. Ein Examen beweist nicht unbedingt, daß einer auch gesunden Menschenverstand hat. Ich ging einmal mit einem sehr schwierigen Jungen zu einem Psychiater in der Harley Street. Zuerst gab ich ihm eine Schilderung von dessen Verhalten und rief dann den Jungen herein.

„Herr Neill sagt, daß du ein ganz schlimmer Junge bist", sagte er streng. Psychologie ist einfach ein anderes Wort für gesunden Menschenverstand.

Jeder Lehrer sollte Homer Lanes ‚Talks to Parents and Teachers' lesen; Lehrer an Public Schools könnten aus der Lektüre von David Wills' ‚Throw Away thy Rod' etwas lernen. Es ist unmöglich, eine Liste von lesenswerten Büchern aufzustellen. Man sollte die Werke aller Richtungen lesen. Anna Freud und Susan Isaacs geben den Freudschen Standpunkt. Ich besitze das Buch eines Adler-Schülers über Problemkinder. Es gibt ausführliche Fallgeschichten, aber von Sexualität ist, soweit ich sehe, überhaupt nicht die Rede. Man sollte alle Aspekte und alle psychologischen Schulen studieren; die Sache hat jedoch einen Nachteil — so viele Bücher über Pädagogik und Psychologie sind in einem schwerverständlichen und umständlichen Stil geschrieben. Ich möchte bloß wissen, warum die Wissenschaft uns von der Einfachheit entfernt. Was einfach ist, sollte man auch einfach sagen.

Mein neunjähriger Sohn stiehlt in Läden. Was kann ich dagegen tun?

Diese Frage wurde mir in den letzten fünfzig Jahren immer wieder gestellt. Die Beantwortung ist wirklich nicht einfach, jeder Fall ist nämlich verschieden. Ich bin davon überzeugt, daß es den meisten Kindern, die stehlen, zu Hause an Liebe fehlt. Wenn Sie Ihrem Sohn neun Jahre lang keine Liebe gegeben haben, ist guter Rat teuer, wie dieses Manko auszugleichen ist. Jedes Kind stiehlt irgendwann einmal, und wahrscheinlich werden die meisten Erwachsenen schmuggeln, wenn sie können — ein Zollbeamter sagte mir einmal, bei Geistlichen passe er besonders auf. Vernünftige Eltern machen kein Drama daraus, wenn Thomas eine Mark aus Muttis Geldbeutel stiehlt; gerade die moralischen Eltern sind da gefährlich. „Du böser Junge. Weißt du nicht, daß du da etwas Unrechtes getan hast?" Ich frage mich, wie viele Übeltäter moralische Mütter gehabt haben.

Es ist sehr gefährlich, in dem Kind ein Schuldgefühl zu wecken. Man sagt besser: „Thomas, du hast mir eine Mark geklaut; das ist mein Geld", als daß man die moralische Haltung einnimmt, er sei ein elender Sünder.

Wir Erwachsenen bilden uns soviel auf unsere Ehrlichkeit ein. Ist es bei den meisten von uns nicht einfach die Furcht vor der Polizei, warum sie ehrlich sind? Keiner ist vollkommen ehrlich, nicht einmal ein Mitglied der Moralischen Aufrüstung. Wenn wir in einer Telefonzelle den Knopf drücken, weil die Leitung besetzt ist, und statt unserer zwanzig Pfennig kommen vierzig heraus, wie viele von uns würden die zwanzig Pfennig wieder in den Apparat stecken? Das Geld gehört ja auf keinen Fall der Post; es gehört dem Dussel, der vergessen hatte, den Knopf zu drücken. Väter, die das Finanzamt betrügen, verhauen ihren Sohn, weil er gestohlen hat. Die Wagen der zweiten Klasse waren ganz besetzt, so daß ich in die erste Klasse ging und den Unterschied bezahlen wollte. Aber während der siebenstündigen Fahrt kam kein Fahrkartenkontrolleur. Am Ende der Reise ging ich nicht zum Schalter und sagte: „Ich bin erster Klasse gefahren; ich möchte den Aufpreis bezahlen." Man ist schnell mit einer Entschuldigung bei der Hand; ich hätte mir einfach sagen können: Wenn die Eisenbahn Fahrgeld verlieren will und niemand anstellt, der es kassiert, so ist das nicht meine Sache.

Solange wir Erwachsenen nicht vollkommen ehrlich sind in Worten und Taten, sollten wir von Kindern nicht etwas verlangen, das wir selber nicht befolgen können. Aber mit all dem ist der armen Frau nicht geholfen, die sich um ihren Neunjährigen Sorgen macht. Ich kann ihr nur raten, ihm soviel Liebe zu zeigen wie möglich, ihn nie zu strafen, ihm keine Moralpredigten zu halten, ihm nie eine Schuld zu geben. Und sie sollte sich hinsetzen und in Ruhe über sich selber, ihren Mann und ihr Familienleben nachdenken. Ich habe erlebt, wie viele junge Diebe einfach dadurch geheilt wurden, daß man sie liebte und ihnen vertraute. Gestern hat mich ein solcher besucht, ein ehemaliger Schüler über fünfzig, mit gutem Beruf, Frau und Familie. Er sagte: „Wenn ich zu Hause und in der Schule weiter geschlagen worden wäre, wäre ich sicher im Gefängnis gelandet." Ich sehe keinen anderen Weg als den der Liebe, des Vertrauens und einer wirklichen Achtung der Individualität des Kindes. Wenn ich mit meiner Antwort der guten Frau nicht geholfen habe, so tut mir das leid.

Ich bin dem Tierschutzverein beigetreten, und mein Bruder, der ein bißchen von Psychologie versteht, sagt mir nun, daß ich damit meinen unbewußten Wunsch, gegen Tiere grausam zu sein, überkompensiere.

So etwas hat Freud wilde Analyse genannt. Wenn das wahr wäre, dann würde ich meine Schule betreiben, weil ich den unbewußten Wunsch habe, Kinder zu schlagen. Yehudi Menuhin wäre dann ein hervorragender Geiger, weil er seinen Haß gegen die Musik kompensieren will. Der brutale Vater würde dann seine verdrängte Zärtlichkeit kompensieren. Das alles ist Unsinn, aber selbst wenn es stimmt, was könnte man dagegen tun? Würde Menuhin mit Spielen aufhören? Würde der Vater mit Schlagen aufhören? Dabei ist an der Sache etwas Richtiges, wenn es sich um einen mehr oder weniger pathologischen Fall handelt. Wenn einer seine Zeit damit zubringt, pornographische Bücher aufzustöbern und sie dem Staatsanwalt zu schicken, so geht man mit der Vermutung wohl nicht fehl, daß er im Grunde ein obszönes Interesse an unanständigen Wörtern hat. Da ist die sprichwörtliche alte Jungfer, die sich bei der Polizei beschwerte, auf der anderen Straßenseite mache ein junger Mann am Fenster nackt seine Morgengymnastik. Ein Polizist erschien, um der Sache nachzugehen.

„Ich kann da nichts sehen, liebe Frau."

„Ja, Sie müssen sich auf den Tisch stellen."

Man könnte diese gute Frau als einen unbewußten oder eigentlich bewußten Voyeur bezeichnen. Die Mütter, die in Briefen gegen eine Fernsehsendung der BBC über die Geburt eines Kindes protestierten, haben ein sehr gestörtes unbewußtes Interesse an sexuellen Dingen. So weit kann man wohl bei der Konstatierung von unbewußten Kompensationen gehen. Der Amateurpsychologe ist eine Plage — aber wir sind alle durch dieses Stadium gegangen, und wir können uns darüber nicht erhaben fühlen. Fürchten Sie sich vor Spinnen? Aha, die Spinne ist ein Muttersymbol. Meine erste Frau hatte eine Heidenangst vor Spinnen, weil sie in Australien aufgewachsen war, wo Spinnen lebensgefährlich sind. Fürchten Sie sich vor einem Stier? Aha, der Stier ist ein Vatersymbol. In meiner Kindheit bin ich mehr als einmal von einem Stier verfolgt worden und kann absolut sicher sein, daß ich nicht vor einem Symbol geflohen bin.

Man könnte sagen, daß der Amateurpsychologe keinen Schaden anrichtet. Aber ich glaube, daß er es oft doch tut. Heranwachsende, besonders Mädchen, sind leicht geneigt, dem, was die Älteren über sie und ihre Motive sagen, Glauben zu schenken. Eines meiner Mädchen stahl Füller und Bleistifte. Ein Zwanzigjähriger erklärte ihr, das sei eine Kompensation, weil sie nicht als Junge mit einem Penis geboren worden sei. Das arme Kind war deswegen wochenlang beunruhigt. Ich sagte ihr, eine ebenso plausible Erklärung wäre, daß sie Schriftstellerin werden wolle.

Man sollte es sich zur Regel machen, niemals zu versuchen, irgend jemand irgend etwas zu erklären, wenn dieser jemand nicht als Patient in unserer Behandlung ist. Dann könnte man die Furcht beseitigen, die so viele haben, wenn sie einen Psychologen oder Analytiker treffen. Wie oft hört man eine Frau sagen: „Ich war so verwirrt, als ich Dr. Green, dem Analytiker, vorgestellt wurde. Ich dachte, er könne meine Gedanken lesen." Es ist zu bezweifeln, ob es dieser Frau hilft, wenn man ihr erklärt, daß niemand die Gedanken eines anderen lesen kann und daß, selbst wenn Dr. Green es könnte, er froh wäre, in einer Gesellschaft zu sein, wo er an nichts anderes als an die Cocktails denken mußte.

Und die Moral davon? Laß die Finger von der Psychologie, wenn sie nicht dein Beruf ist. Niemand weiß sehr viel darüber, nicht einmal ein Freud; niemand weiß, warum der eine Bruder an Krebs stirbt und der andere an Zucker; keine Psychologie kann sich auf Wagner oder Einstein — oder meinetwegen einen Hitler — einen Reim machen.

Hoffentlich schickt die Fragestellerin ihren Bruder dahin, wo der Pfeffer wächst. Sie sollte ruhig der Gesellschaft beitreten, die bei uns ein „Royal" im Namen führt, aber gar nicht aristokratisch ist, und deren Mitglieder sich nicht aus der Klasse rekrutieren, die Fuchs- und Moorhuhnjagden veranstaltet, der christlichen Oberschicht. Der Papst könnte mit einem Federstrich die Stierkämpfe in Spanien beenden. Aber er tut es nicht. Ich weiß, daß ich mich hier aufs hohe Roß setze;

wenn ich nämlich konsequent wäre, dürfte ich keine Tiere mehr essen, die geschlachtet wurden, um meinen Appetit zu befriedigen. Wie viele von uns wären Fleischesser, wenn wir die Tiere selbst töten müßten? Sogar Bernard Shaw mußte Lederschuhe tragen. Wir sind alle darin verstrickt, und Macaulays Satz sollte uns zu denken geben: „Die Puritaner waren gegen die Bärenhetze, nicht weil es für den Bären eine Quälerei war, sondern weil es für die Zuschauer ein Vergnügen war."

Wir machen uns alle etwas vor. Das müssen wir uns immer wieder vor Augen halten, damit wir keine wilden Vermutungen über die Motive unserer Mitmenschen anstellen. Kurz, lassen wir uns von der Psychologie nicht zum Narren halten.

Warum ziehen Sie die Vererbung nicht in Betracht?

Wenn ich es täte, was wäre damit geholfen? Wenn Billy stiehlt, weil es in seiner Familie seit drei Generationen Diebe gibt, wie soll ich ihm mit diesem Wissen helfen? Ich habe keine wissenschaftlichen Kenntnisse über die Vererbung. Wohl die meisten unserer begabten Schüler hatten kluge Eltern, aber das könnte auch an der Macht des Milieus liegen. Der einzige Fall eines jungen Diebes, der seine Verdorbenheit geerbt haben mag, war ein fünfzehnjähriger Junge, den sein Vater herschickte, damit er vom Stehlen geheilt werden sollte. Der Junge kam mit einer Kinderfahrkarte an, die sein Vater für ihn gekauft hatte. Die Altersgrenze für Kinderfahrkarten war damals vierzehn Jahre. Soviel ich weiß, gibt uns die Erblehre keine Therapie an die Hand, mit der erblich belastete Übeltäter geheilt werden könnten. Deshalb zerbreche ich mir darüber auch nicht den Kopf. Mein Pragmatismus geht nicht eine Generation zurück.

Sie sagen, die Kinder seien in Summerhill glücklich. Was verstehen Sie unter Glück?

Niemand kann immer glücklich sein. Ich bin sehr unglücklich, wenn ich Ischias habe, und ein Mädchen ist alles andere als glücklich, wenn der Geliebte sie wegen einer anderen verläßt. Es ist gar nicht leicht, das Glück zu definieren. Es ist ein Zustand des Wohlbefindens, der Ausgeglichenheit, des Gleichmuts. Man könnte Glücklichsein definieren als ein weitgehendes Freisein von Neurose, von konfliktgeladenem Doppelleben. Mag es auch unmöglich sein, es zu definieren, so kann man es doch in den Augen glücklicher Kinder sehen; sie sind offen, freimütig und furchtlos. Glücklichsein, das ist wir selber sein, und wir selber sein heißt aufrichtig sein; Glück und Unaufrichtigkeit sind unvereinbar. Jeder ist dann und wann glücklich — beim Tanzen, bei einer Theateraufführung, bei einem Zusammensein mit Freunden. Gefeierte Stars mögen glücklich sein, wenn man ihnen Beifall klatscht. Aber gibt es so etwas wie dauerndes Glück? Ich halte es für möglich trotz Leid, Unglück und Tod. Man könnte es gleichsetzen mit moralischem Mut, mit der optimistischen Einstellung zum Leben, mit dem Glauben, daß das Leben lebenswert ist.

Ich bezweifle, ob Glück irgend etwas mit moralischer Erziehung zu tun hat. Die Religion sagt: Sei gut, und du wirst glücklich sein. Aber andersherum ist es richtiger: Sei glücklich, und du wirst gut sein. Fünfzig Jahre Summerhill haben mich überzeugt, daß der letzte Satz der wahre ist. Alle Kinder haben ein Recht auf Glück, und es ist verkehrt, es ihnen schwerzumachen, um sie auf ein Leben vorzubereiten, das nicht dazu angetan sein mag, sie glücklich zu machen. Alle Schulen, die strafen und den armen Kleinen Angst einjagen, beruhen auf dem Glauben, daß es kein Recht auf Glück gibt, daß das Glück der Pflicht geopfert werden muß, oder dem Ehrgeiz, oder dem Stolz der Eltern und Lehrer. Die Erziehung von heute könnte man als ein System bezeichnen, das das Glück der Kinder zerstört mit seinen Klassenzimmern und Schulfächern, mit Furcht und Strafe. Viel zu viele Eltern glauben noch, daß Kinder sündig geboren werden und kein Recht auf Glück haben, höchstens auf Gnade — wenn sie bereuen. Man kann nicht unfrei und zugleich glücklich sein. Das Glück der Kinder sollte der oberste Maßstab für alle Erziehungssysteme sein. Eine Schule sollte man an den glücklichen Gesichtern ihrer Schüler messen, nicht an ihren Lehrerfolgen.

Die kriminellen Jugendlichen suchen Glück, und vermutlich ist die Wurzel ihres antisozialen Verhaltens, daß sie zu Hause und in der Schule unglücklich waren. Das Glück, das sie in ihrer Kindheit hätten erfahren sollen, wurde ersetzt durch das zweifelhafte Glück des Zerstörens, Stehlens und Knüppelns; durch Frustration ist aus Freude Haß geworden. Ich bin überzeugt, daß man die Jugendkriminalität dadurch heilen kann, daß man die Kindheit glücklich macht; und alle diejenigen, die sich um die Verringerung der Jugendkriminalität bemühen, sollten ihr Augenmerk auf die Anfänge richten, die falschen Anfänge mit Strafen und Angst, und vor allem auf den Mangel an Liebe in der Kindheit. Das ist keine Theorie, in der Frühzeit von Summerhill hatten wir nämlich viele Problemkinder, und beinahe alle gingen als aufrechte Menschen ins Leben hinaus, einfach weil sie geliebt wurden, einfach weil die Freiheit sie glücklich machte.

Handelt es sich bei einem jugendlichen Dieb immer um ein Kind, das nicht genug geliebt worden ist?

Ich möchte nicht verallgemeinern, aber sehr oft habe ich festgestellt, daß es so ist. Alle Kinder stehlen früher oder später einmal, besonders wenn sie eine Bande bilden. Wer von uns hat nie einen Obstgarten geplündert oder Stachelbeeren gestohlen? Wenn ich von einem Dieb spreche, meine ich den zwanghaften Dieb, der über Jahre hin stiehlt. Meine These ist wohl durch die Erfahrung bewiesen. Als ich einem Jungen für das Stehlen eine Belohnung von fünfzig Pfennig gab, schenkte ich ihm symbolisch Liebe; damit stellte ich mich auf seine Seite. In der Zeit, als wir viele Diebe hatten, klappte es. Das war gewiß keine plötzliche Heilung, eine plötzliche Heilung gibt es überhaupt nicht. Aber es war der Anfang einer Heilung, nicht nur durch mein Verhalten, wichtiger war wahrscheinlich die freie Atmosphäre der Schule, die ihn ohne Tadel und Mißbilligung annahm.

Eine Mutter schrieb mir, daß ihr kleiner Sohn bei Woolworth gestohlen hatte und sie meine Methode befolgt und ihn mit Geld belohnt hatte. Es sei aber nur schlechter geworden. Ich schrieb ihr, daß es in meinem Fall richtig gewesen sei, einem Jungen in symbolischer Form Liebe zu geben, ihr Junge brauche jedoch von seiner Mutter kein Geld, er brauche wirklich Liebe. Ich riet ihr, ihn jedesmal zu liebkosen, wenn er stahl, aber ich habe nie erfahren, wie es weiterging.

Natürlich empfehle ich diese Methode nicht, wenn es sich um einen alten Knastbruder handelt. Doch habe ich in einem amerikanischen Buch die folgende Geschichte gelesen. Der Direktor eines Gefängnisses schickte den besten Mann in der Schuhmacherwerkstatt auf eine Reise, er sollte in verschiedenen Städten moderne Maschinen für die Schuhherstellung besichtigen. Der Mann war ein zu lebenslänglichem Zuchthaus verurteilter Mörder. Er kam mit einem ausgezeichneten Bericht zurück. Der Direktor sagte zu ihm: „Warum haben Sie sich nicht aus dem Staube gemacht?"

„Weiß nicht, Direktor, vermutlich, weil Sie mir vertraut haben."

Hätte der Direktor, als er den Mann wegschickte, streng gesagt: „Ich vertraue darauf, daß Sie zurückkommen", wäre es gut möglich gewesen, daß sich der Sträfling verdrückt hätte, denn die Worte hätten ihm gezeigt, daß man ihm keineswegs vertraute.

Eine andere Art, Diebstähle zu behandeln, ist schlecht, ich meine die Wie-du-mir-so-ich-dir-Methode. Ich habe erlebt, wie ein älterer Junge einem kleinen Langfinger eine Lektion erteilen wollte. Der Junge rief eine Sonderversammlung zusammen und wollte empört wissen, wer sein Taschenmesser weggenommen habe. Es war eine unvermeidliche Reaktion. Das Stehlen kennt keine Vernunft und Logik; es wird vom Unbewußten gesteuert, seine Ursachen sind verdeckt, dem Bewußtsein nicht einsichtig. Alle Strafen, die Kinder wegen des Stehlens erhalten, sind vollkommen nutzlos; sie können die Ursachen nicht erreichen; sie machen dem Kind, das schon unglücklich und ängstlich ist, nur noch mehr Angst.

Ich bin gespannt, was bei der neuesten militärisch strengen Behandlung straffälliger Jugendlicher herauskommt. Sie machen alles im Laufschritt; praktisch jede Minute ihrer Tageszeit wird überwacht. Der Gedanke ist, daß sie sich bessern, wenn man sie nur hart genug anfaßt. Einige „bessern" sich vielleicht, weil sie sich vor einer Wiederholung der strengen Disziplin fürchten, aber wie kann dieses System die Mehrzahl heilen, wenn es die verborgenen Motive, die verborgenen Ängste und Leiden nicht berücksichtigt. Es kann nur den Haß der Jungen verstärken. Haß hat noch nie etwas geheilt.

Noch ein Wort der Warnung an die Eltern. Wenn dein Kind stiehlt und du schlägst es deswegen oder schickst es ohne Abendessen ins Bett oder hältst ihm eine Moralpredigt, so besteht die Gefahr, daß du dein Kind, ich möchte nicht sagen zu einem Verbrecher, aber mindestens zu einem Jungen machst, der sich ungeliebt vorkommt. Und er ist tatsächlich ungeliebt. Man kann nicht zugleich schlagen und lieben.

Ich weiß nicht, in welchem Alter ein Kind den Unterschied zwischen mein und dein begreift. Ich nehme an, daß es von der allgemeinen Entwicklung des Kindes abhängt. So habe ich Fälle erlebt, wo die emotionale Entwicklung des Kindes hinter seiner geistigen Entwicklung zurückgeblieben war. Gewöhnlich wurde gar kein Versuch gemacht, den Diebstahl zu verbergen, weil gar kein Schuldgefühl da war. „Mir gefällt die Puppe, die Maria hat. Also nehme ich sie mir." In solchen Fällen muß man geduldig warten, bis sich ein soziales Gewissen natürlich entwickelt. Bestrafung wäre in solchen Fällen sehr schlecht.

Also, wenn du willst, daß deine Kinder nicht stehlen, gib ihnen soviel wie möglich Liebe, Verständnis und Wärme.

VIII Andere Schulen

Welchen Einfluß hatte Summerhill auf die Erziehung überhaupt?

Die natürliche Bescheidenheit steht der Beantwortung dieser Frage im Wege. Und selbstverständlich auch die Tatsache, daß ich es nicht weiß. Wie soll ich wissen, welche Wirkung meine Bücher und die Schule in den Vereinigten Staaten, in Japan, Schweden oder Israel hatten? Sie ist nicht so groß, wie manche annehmen. Keiner steht nämlich allein; ich glaube, daß der „Zeitgeist" die Männer und Frauen, die er braucht, hervorbringt. Wenn Freud nicht gelebt hätte, hätte ein anderer seine Entdeckungen gemacht. „Kein Mensch ist eine Insel"; das Individuum ist nur eine Manifestation des Zeitgeistes. Und Entdeckungen werden immer verändert und modifiziert. In Amerika wurde aus dem Freudianismus die Psychologie von Fromm, Sullivan und Horney. Wie viele Wissenschaftler bejahen heute alles, was Darwin gelehrt hat? Nichts ist vollkommen — nicht einmal Summerhill.

Wenn man nach dem Einfluß von Summerhill fragt, muß man die Frage stellen, was alle diejenigen, die an die Freiheit glaubten, getan haben, um die Gesellschaft zu verändern. Wer kann sagen, welchen Einfluß John Dewey auf die amerikanische Erziehung hatte? Führte Martin Luther King den Kampf für Rassenfreiheit an, oder war er nur der Exponent einer allgemeinen Bewegung? Hitler hat den Faschismus nicht hervorgebracht. Wenn er nicht gelebt hätte, wäre ein anderer Führer hervorgetreten. Führer sind nur gewöhnliche Burschen, deren Kopf zufällig aus der Masse herausragt — das beste Beispiel ist wahrscheinlich de Gaulle.

Man hat mir oft gesagt, daß Summerhill dazu beigetragen hat, andere Schulen menschlicher und weniger autoritär zu machen. Aber warum nur Summerhill? Ich denke an Pioniere wie Bill Curry von Dartington Hall, E. F. O'Neill, Caldwell Cook mit seiner Spielmethode, Edmond Holmes, Homer Lane oder, um weiter zurückzugehen, Fröbel, Pestalozzi und Rousseau. Und wer kann die Bedeutung eines Freud, Jung, Adler, Reich, Rank oder Stekel für die Erziehung abschätzen? Summerhill ist ein kleines Boot in einem Strom, einem Strom allerdings, der gegen die Hauptströmung fließt. Ja, Einflüsse können nur gemessen werden, wenn es sich um schlechte Einflüsse handelt: Hitler hat sechs Millionen Juden auf dem Gewissen.

Wenn Summerhill als Vorbild gedient hat, wurden in den meisten Fällen Veränderungen vorgenommen. Einige Schulen haben die Freiheit übernommen, aber sie sprechen von geordneter Freiheit, was für mich ein Widerspruch in sich selber ist. Und wie kann ein armer Lehrer in einer kasernenähnlichen Schule mit Klassen von fünfzig Schülern überhaupt Freiheit praktizieren? Doch selbst bei ungünstigen Verhältnissen kann viel getan werden. Rising Hill School ist ein Beispiel. Michael Duane übernahm eine Gesamtschule in einem verrufenen Londoner Bezirk. Ungefähr hundert Jungen und Mädchen waren Bewährungsfälle. Duane weigerte sich, den Stock zu benutzen, als die städtischen Schulinspektoren darauf drängten. In zwei Jahren ging die Zahl der Bewährungsfälle auf sechs zurück. Dies bedeutet, daß es auch in einer staatlichen Schule mit Liebe und ohne Haß geht, und es ist auch eine Antwort für diejenigen, die sagen, Freiheit sei nur in einer Internatsschule für Mittelklassenkinder möglich.

Es ist bedauerlich, daß viel von dem, was für die Freiheit getan wird, außerhalb des staatlichen Erziehungssystems geschieht. Ich denke an Männer, die sich mit Problemkindern befassen, wie George Lyward, Otto Shaw, David Wills und andere, von denen ich weniger weiß. Diese Männer sind jenen Juristen und anderen Beamten weit voraus, die glauben, das Heilmittel für Missetäter sei ein hartes Leben in einer Erziehungsanstalt mit militärischer Disziplin. Die erwähnten Männer wurden nicht von Summerhill beeinflußt, mit Ausnahme von Otto Shaw, der sich nach vielen Besuchen in meiner Schule vor Jahren entschloß, eine eigene zu gründen. Ebensowenig wurden bekannte Schulen wie Bedales, Dartington Hall, Frensham Heights, St. Christopher's und Wennington Hall beeinflußt. Ich bezweifle sehr, ob Summerhill irgendeinen Einfluß auf unsere Public Schools ausgeübt hat. Ich hoffe jedoch, daß meine Bücher einigen Lehrern geholfen haben, ihre törichte Würde und ihre pompöse Autorität abzulegen. Hoffentlich habe ich klarmachen können, daß es für den Lehrer besser ist, die Liebe seiner Schüler zu gewinnen als Ehrerbietung und scheinbaren Gehorsam. Wenn ich hier einen Einfluß gehabt habe, ist mir das eine Genugtuung.

Was halten Sie von Gesamtschulen?

Ich weiß zuwenig über sie, doch habe ich einen Einwand – sie sind zu groß. In einer kleinen Stadt ist jeder eine Individualität; jeder ist seinen Nachbarn bekannt, während man in der Großstadt Teil einer riesigen unpersönlichen Masse ist. Man kann zwanzig Jahre lang in Hammersmith leben, ohne den Namen des nächsten Nachbarn zu kennen. So ist es auch mit den großen Schulen; die Kinder sind nur noch Nummern, und eine engere Beziehung zu den Lehrern ist nicht möglich; wie kann der Direktor einer Schule von 1200 Schülern die Namen aller seiner Schüler kennen? Sicher erfüllen die großen kasernenähnlichen Schulen die Zwecke der Pädagogen; auch wenn Sportplätze und Turnhallen dazugehören, sind es zweckmäßige Fabriken, in denen die jungen Köpfe mit meist nutzlosem Wissen vollgestopft werden. Aber jedes Kind möchte gern eine Person sein, gekannt und geliebt, und dies ist in einer großen Schule nicht möglich. Ich würde einen Plan des Ministeriums begrüßen, der vorsieht, alle großen Schulen in London zu schließen und dafür auf dem Land inmitten von Feldern und Wäldern eingeschossige Schulen zu bauen und die Schüler jeden Tag mit dem Bus aus der Stadt hinzufahren. Das wäre leicht zu machen. Die Stadt London legte in Ewell (Surrey) ein großes Spielgelände an, und ich habe Dutzende von Bussen gesehen, die Londoner Kinder zum Spielen hinausbringen.

Es wäre ganz einfach bei den Jüngeren, aber man muß fragen: Wie kann man in einer kleinen Landschule die älteren Schüler in höherer Mathematik und Chemie unterrichten? Das wäre nicht schwierig, wenn die Schulen genügend Lehrer hätten. Summerhill ist ja eine ländliche Schule mit sechzig Schülern im Alter von fünf bis sechzehn. Weil wir acht Lehrer haben, können sich die Älteren fortgeschrittenen Studien widmen, wenn sie das wollen. In meiner Schule erlebt sich jedes Kind als Person, als lebendiges Glied in einer freundlichen Gemeinschaft. Ich frage mich, ob dieses Gefühl des Dazugehörens etwas mit der Tatsache zu tun hat, daß es in einer Großstadt viel mehr Jugendkriminalität gibt als auf dem Dorf. In Leiston kann ich mein Auto unverschlossen stehenlassen, was ich in London oder Manchester nicht wagen würde. Das ist wohl bezeichnend. Dorfjungen sind zu allen freundlich, während sich Stadtjungen nur an ihre Macker von der Straßenecke anschließen. Das Zusammensein mit vielen mag sonst Schutz gewähren, in der Großstadt tut es das nicht.

Ich möchte die Leute zu der Einsicht bringen, daß Hans Müller mit seinen zehn Jahren nicht nur ein kleiner Junge ist, der von seinen Lehrern und Eltern erzogen und geformt werden muß. Hans ist eine Person; er sucht Anerkennung und Liebe, Spaß und Spiel. In einer kleinen Schule fühlt er sich als Person anerkannt, in einer großen Masse dagegen muß er sich wie ein Rekrut auf dem Kasernenhof vorkommen – als Teilchen, als bloße Nummer. Deswegen sehe ich in der Aufteilung großer Schulen in kleinere Einheiten eine Möglichkeit, wie man jugendliche Gesetzesbrecher heilen und darüber hinaus verhindern kann, daß Kinder zu Gesetzesbrechern werden. Ich habe schon Michael Duanes Erfolge mit Problemkindern in einer großen Gesamtschule erwähnt, aber er hätte in einer kleinen Schule damit wahrscheinlich noch mehr Erfolg gehabt.

Ich bin gegen jede Art von Zentralisierung. Lokalzeitungen verlieren im allgemeinen ihren Charakter, wenn sie von einem großen Konzern übernommen werden. Wenn kleine Betriebe von großen verschluckt werden, verlieren sie ihren Charakter und ihren sozialen Wert. In einem kleinen Betrieb kennt der Chef Hans und Franz und ihre Familien; es ist eine Atmosphäre der zwischenmenschlichen Beziehungen und der Einfühlung; dagegen geht in einem großen Betrieb mit vielen Abteilungen der Kontakt zwischen Unternehmer und Beschäftigten verloren. Kann man sich eine Verkäuferin bei Woolworth vorstellen, die Herrn Woolworth sprechen möchte? Oder einen Stahlarbeiter, der Herrn Krupp sprechen möchte? Zentralisierung tötet die Individualität, so wie Massenproduktion das Handwerk tötet. Wahrscheinlich gibt es in ganz East Anglia keinen Schuhmacher mehr, der noch ein Paar Schuhe machen könnte. Man findet kaum noch einen Dachdecker, der einem ein Strohdach decken kann. An die Stelle des Individuums tritt der Massenmensch, der nur wenig persönliche Identität und Initiative entwickelt, denn wieviel Initiative braucht ein Mann, der am Fließband steht und an einem Auto eine Schraube befestigen muß? Deswegen fürchte ich die großen Schulen, ob es sich nun um Gesamtschulen, Gymnasien oder Realschulen handelt.

Wie können die Prinzipien von Summerhill in staatlichen Schulen angewandt werden?

Hunderte von Lehrern haben mir diese Frage gestellt. Ich habe schon von Michael Duane von der Rising Hill School gesprochen. Er war Schulleiter und konnte etwas für die Freiheit tun. Im allgemeinen wird die Frage von jungen Lehrern gestellt. Die Antwort ist bedauerlicherweise, daß ein Lehrer nicht mehr Freiheit einführen kann, als der Schulleiter zulassen will. Ich spreche aus Erfahrung. Als junger Lehrer war ich an der King Alfred School in Hampstead. Damals stand ich gerade unter dem Einfluß von Homer Lane und war von der Selbstregierung begeistert. In den Lehrerkonferenzen setzte ich mich dafür ein, und schließlich sagte der gute alte John Russell: „Gut, Neill kann in seinen Klassen Selbstregierung haben." Und ich junger Narr ging darauf ein. Die Folge war, daß eine Klasse beispielsweise aus einer Mathematikstunde, wo Disziplin herrschte, in meine Geographiestunde kam — und dann war natürlich der Teufel los. Die Lehrer in den anliegenden Räumen beschwerten sich, und ich scheiterte mit meinem Experiment. Ich kündigte darauf — oder wurde ich hinausgeworfen? Ich bin mir da nicht ganz sicher.

Jeder junge Lehrer an einer großen Schule wird die Erfahrung machen, daß es nicht möglich ist, von Sitten und Gebräuchen der Schule abzuweichen, aber das soll nicht heißen, daß sich ein Lehrer gar keine

Freiheit herausnehmen dürfte. Er kann auf der Seite des Kindes sein; er kann auf Strafen verzichten; er kann menschlich und lustig sein. Dennoch wird er vor großen Schwierigkeiten stehen. Ein früherer Schüler von uns wurde Lehrer an einer Schule, in der viele Rüpel waren. Er erzählte mir: „Ich begann mit den Ideen von Summerhill, aber ich mußte es aufgeben. Wenn ich zu den Burschen nett war, glaubten sie, ich sei ein Hampelmann, und mein Klassenzimmer wurde zum Affenstall." In seiner Klasse waren über fünfzig Kinder.

Ein Hindernis für die Gewährung von Freiheit an einer großen staatlichen Schule ist, daß die meisten Eltern nicht an die Freiheit glauben; zu viele sehen die Schule als einen Ort an, wo ihren ungeratenen Sprößlingen Disziplin beigebracht wird. Ich habe das vor über fünfzig Jahren an einer schottischen Dorfschule erlebt. Von den aufgebrachten Eltern mußte ich mir sagen lassen: „Ich schicke meinen Kleinen in die Schule, damit er etwas lernt, nicht daß er die Zeit mit Spielen vertrödelt." In Summerhill ist Freiheit möglich, weil alle Eltern hinter uns stehen.

In den staatlichen Schulen ist der Unterricht in bestimmten Fächern die Hauptsache. Die Teilnahme am Unterricht ist obligatorisch; ist einem Mathematik ein Buch mit sieben Siegeln, so muß man trotzdem die Stunden absitzen und sich alle Mühe geben. Es muß Ordnung und Ruhe herrschen, aber freie Kinder machen viel Lärm. Alles ist gegen den Lehrer – die Gebäude, der Mangel an Platz zum Spielen, die Schulordnung, ja das ganze Erziehungssystem. In einigen Schulen müssen religionslose Lehrer Religionsunterricht geben, aber in den meisten großen Schulen kann sich ein Ungläubiger dem entziehen. Ich selber habe mich dadurch aus der Schlinge gezogen, daß ich aus der Religionsstunde eine Singstunde machte. Dabei schob ich ‚*Onward Christian Soldiers*' ein, um den Schein zu wahren, vielleicht auch um mein Gewissen zu beruhigen.

Es ist leider so, an einer staatlichen Schule kann es keine wirkliche Freiheit geben, wenn man den Schulleiter nicht auf seiner Seite hat. Hunderte junger Lehrer hätten in ihren Klassen gerne mehr Freiheit, aber man erlaubt es ihnen nicht; viele werden schließlich zynisch und resignieren. Es kann keine Freiheit geben, solange das pädagogische Establishment bestimmt, daß es keine geben darf.

Würden Sie für alle Kinder Internatsschulen empfehlen?

Wahrscheinlich bin ich zu befangen, um so eine Frage zu beantworten. Internate sind heute nötiger als in der Vergangenheit, als Großfamilien eine häusliche Gemeinschaft bildeten mit vielen Gelegenheiten zum

Geben und Nehmen. Heute, bei den kleinen Familien, besteht die Gefahr, daß Kinder zuwenig unter ihresgleichen und zuviel in der Erwachsenenwelt leben. Es ist nicht gut, ein Einzelkind in einer Umgebung aufwachsen zu lassen, wo es sich nur mit seinen Eltern messen kann. Es wird leicht zu alt für seine Jahre. Vorschul-Kindergärten können in solchen Fällen eine Hilfe sein, aber in vielen Arbeiterfamilien haben die Mütter nicht die Zeit, ihre Kinder jeden Tag hinzubringen und wieder abzuholen. Natürlich verstehe ich auch den Standpunkt der Eltern. Es fällt nicht leicht, sein Kind acht Monate im Jahr herzugeben. Erst neulich sagte eine frühere Schülerin, heute glücklich verheiratet, zu mir: „Ich kam viel zu jung nach Summerhill. Ich war erst vier, und ich denke oft, daß ich damals noch ein paar Jahre bei meinen Eltern hätte sein sollen."

Wir nehmen britische Kinder mit fünf Jahren, wenn es die häusliche Lage erfordert; vielleicht arbeiten beide Eltern. Dagegen lehnen wir so kleine amerikanische Kinder mit der Begründung ab, daß ein Kind zumindest bis zum Alter von sieben Jahren nicht ein paar tausend Kilometer von seinen Eltern entfernt sein sollte.

Ich weiß nicht, ob das Internat die Zukunft für sich hat. Natürlich bin ich der Meinung, daß viele Kinder davon einen Nutzen hätten, wenn alle Internate ein so glücklicher Ort wie Summerhill wären. Aber ich verstehe auch die Eltern, die ihre Kinder in der Familie aufwachsen sehen wollen. Ein Problem unserer früheren Schüler ist oft, daß sie an ihrem Wohnort keine Schule finden, in der ihre Kinder nicht indoktriniert und geformt werden. Aber diese Schwierigkeit wird sich mit der Zeit selber lösen; es gibt schon viele ausgezeichnete Schul-Kindergärten, die auf der Seite des Kindes sind. Allerdings kann ich nur vermuten, was ihre Lehrerinnen für ein Gefühl haben, wenn diese lebhaften und glücklichen Kinder sie verlassen und dann schweigend an Tischen sitzen und bestimmte Fächer studieren müssen.

Einen Vorteil hat die Internatsschule gegen die Tagesschule: hier ist eine Selbstregierung der Gemeinschaft möglich, bei der die Kinder ihre eigenen Gesetze machen. In einer Tagesschule gibt es nichts zu regieren, Schule bedeutet hier Unterricht. Bei unseren Versammlungen in Summerhill findet man den Unterricht kaum einmal erwähnt; meistens dreht es sich um ganz andere Dinge: Nichteinhaltung der Schlafenszeiten, Tyrannisieren, Fahren mit fremden Rädern, Vergeudung von Essen, Lärmen während der Ruhezeiten. Meiner Ansicht nach ist dieses Gemeinschaftsleben für die Erziehung unendlich viel wichtiger als alle Schulbücher der Welt.

Mit der Demokratie sollte man nicht warten, bis die jungen Leute mit einundzwanzig stimmberechtigt sind, und dann ist es immer noch keine Demokratie; als einer von vielen Tausend eine Stimme für einen

Parlamentskandidaten abzugeben, das ist keine Demokratie. Ich wollte nie eine Schule mit über sechzig Schülern haben. In Summerhill können wir alle in einem Saal zusammenkommen, da können alle sprechen und in einer Art Gemeinderat abstimmen. In einem großen Internat ist keine allgemeine Versammlung möglich; es müssen Vertreter gewählt werden, und so haben wir alle Schattenseiten des parlamentarischen Systems. Wähler und Gewählte verlieren das Interesse, oder es entsteht eine Cliquenwirtschaft.

Nach allem stimme ich also für Internate. Das Kind hat ein Recht darauf, in Fragen seines Lebens mitzubestimmen. Dieses kostbare Vorrecht soll ihm nicht vorenthalten werden.

Wie schneiden die anderen progressiven englischen Schulen mit Koedukation im Vergleich zu Summerhill ab?

Auf diese Frage lehne ich eine Antwort ab. Wir treffen uns zu Besprechungen, und wir lassen uns gegenseitig gelten. Jeder von uns glaubt, er sei der Beste. In Summerhill haben wir wahrscheinlich mehr Freiheit als die andern; wir sind wohl die einzigen, die ohne Unterrichtszwang auskommen. Ich will hier niemand kritisieren. Schließlich haben nicht nur Diebe, sondern auch Verschwörer ihren Ehrenkodex. Die meisten leisten sehr gute Arbeit, und sogar die schlechtesten sind den englischen Public Schools, die oft mit Furcht und Strafe arbeiten und auf Charakterformung durch Disziplin abzielen, weit voraus. Ich empfehle dem Fragesteller, das Buch ‚*The Independent Progressive School*‘ zu lesen, das von H. A. T. Child (Dartington Hall) herausgegeben wurde (Verlag Hutchinson, 1962). Darin schreiben fünfzehn von uns über unsere Schulen. Außerdem weise ich auf das Werk von Professor W. A. C. Stewart ‚*Pioneers in Education*‘ (zwei Bände, 1967/68) hin. Übrigens kann ich das Wort progressiv nicht leiden; ich ziehe das Wort Pionier vor, das an kräftige Burschen erinnert, die mit Äxten ihren Weg durch den Urwald bahnen, auf dem später die Wagen der Geschäftemacher und Ausbeuter rollen werden. Was du auch tust, immer folgen dir andere und verwandeln deine Wildnis in eine Stadt mit Leuchtreklamen und eleganten Lokalen. Der große Pionier der Liebe und Menschlichkeit aus Nazareth — doch, um gerecht zu sein, auch die meisten anderen Religionen hatten ihre Pioniere, deren Botschaft verfälscht wurde.

IX Verschiedenes

Mußte Summerhill Kompromisse schließen?

Natürlich. Man kann dem Establishment einen Schritt voraus sein, wenn es jedoch zwei Schritte sind, begibt man sich in Gefahr. Summerhill muß sich an die Gesetze des Landes halten. Glücklicherweise hatten wir es leicht. Es ist mir keine andere staatliche Erziehungsbehörde bekannt, die eine Schule geduldet hätte, in der die Schüler den ganzen Tag spielen können. Ich habe schon erzählt, wie wir bei der Sexualität Kompromisse schließen müssen. Alle staatlichen Schulen in England müssen Religionsunterricht erteilen, und dem Ministerium konnte nicht unverborgen bleiben, daß wir keinen erteilen. Hier gibt es ein Hintertürchen, die Eltern können nämlich ihre Kinder aus dem Religionsunterricht herausnehmen. Ich erhalte manchmal Briefe, in denen Eltern deswegen um Rat fragen. Soll ich meinen Sohn diesen Unterricht besuchen lassen? Ich antworte immer mit ja. Kein Kind sieht sich gern ausgeschlossen, besonders wenn es bedeutet, daß man Rechenaufgaben machen muß, während sich die anderen die Geschichte vom verlorenen Sohn anhören dürfen. Ich sage diesen Eltern: Wenn Sie das Gefühl haben, daß diese Stunden Ihrem Kind schaden, können Sie zu Hause etwas dagegen tun. Das ist besser, als dem Kind das Gefühl zu geben, ausgestoßen zu sein.

In ihrer Selbstregierung zeigen unsere Schüler eine vernünftige Einstellung zur Außenwelt. Man darf auf dem Schulgelände fluchen, aber nicht im Kino oder Café des Ortes. Wer in die Stadt geht, muß sauber und ordentlich aussehen. Man muß die Gesetze befolgen und zwei wirksame Bremsen an seinem Fahrrad haben. Man muß an Stop-Schildern halten. Wir schließen hauptsächlich in unbedeutenden Dingen Kompromisse, auch aus Rücksicht auf andere. Ein sehr linksstehender Lehrer weigerte sich aufzustehen, wenn im Kino die Nationalhymne gespielt wurde. Er wurde von den Kindern auf einer Schulversammlung gerügt — und blieb weiter sitzen. Die Kinder bemühen sich, nichts zu tun, was außenstehenden Kritikern der Schule einen Anlaß zur Feindschaft geben könnte. Aber das ist nicht nur in Summerhill so; die Jungen von Eton und Harrow würden die gleiche Haltung einnehmen.

Ich möchte annehmen, daß wir in den wichtigen Dingen des Lebens keine Kompromisse schließen. Auf keinen Fall schließen wir einen Kompromiß, wenn es um das Recht des Kindes geht, so frei zu sein, wie es das Leben in einer Gemeinschaft nur erlaubt.

Sie sprechen oft vom Establishment. Was ist das eigentlich?

Ursprünglich war es wohl eine Bezeichnung für die paar Leute an der Spitze, die unser Schicksal bestimmten — die Lords, der Premierminister, die zwei Erzbischöfe, die Titelträger im Hintergrund des Thrones, die nur bei Krönungen und königlichen Hochzeiten in der Öffentlichkeit erschienen. Heute hat das Wort seine Bedeutung verändert. Im großen und ganzen bezeichnet es jetzt alle diejenigen, die den Status quo verteidigen, die politisch und auch sonst Konservativen, die auf ewig in ihren konventionellen Ansichten befangen sind, kurz, Ibsens kompakte Mehrheit, „die nie das Recht auf ihrer Seite hat".

Das Establishment ist eine Sache des Einflusses und der Macht. Kein Nonkonformist kann ihm angehören. Kein Atheist könnte Premierminister oder Präsident der Vereinigten Staaten werden. Kein Rektor einer Public School könnte der Kommunistischen Partei beitreten. Es ist keine Frage der politischen Richtung. Es ist fraglich, ob sich Harold Wilsons Einstellung zur Erziehung von der eines Edward Heath irgend unterscheidet; wahrscheinlich verstehen beide unter Erziehung bessere Schulen, bessere Wissenschaft, bessere Universitäten. Aber das Establishment bezeichnet nicht nur die paar prominenten Leute; gewissermaßen haben alle daran teil, denn jeder ist auf die eine oder andere Weise zur Anpassung gezwungen worden. Ich bin ein Mitglied des Establishments durch meine Sprachgewohnheiten.

Das Establishment fürchtet sich; es fürchtet jede neue Idee, die seine beruhigende Stabilität vernichten könnte. Es bekämpfte diejenigen, die die Abschaffung der Todesstrafe für Diebstahl forderten; es war gegen das Frauenstimmrecht; es wollte das Hängen beibehalten; es verlangt, daß man Verbrecher bestrafen soll, statt sie als Kranke zu behandeln. Es war einmal eine Angelegenheit der Klasse, aber das ist nicht länger der Fall; der Snobismus ist nicht mehr so stark wie er war. Der kleine Ladenbesitzer stimmt für die Konservativen, weil diese für die bestehenden Verhältnisse eintreten; er ist der Meinung, daß ihm sein Gewinn unter ihnen sicherer ist als unter einer sozialistischen Regierung. Glücklicherweise ist in England das Establishment ziemlich tolerant, sonst wäre eine so rebellische Einrichtung wie Summerhill schon lange geschlossen worden. Wahrscheinlich würde man die mächtigsten und unduldsamsten Establishments in Rußland, Südafrika und Spanien finden.

Wie stellen Sie sich in Summerhill zum Rauchen?

Jahrelang haben wir uns nicht darum gekümmert; jedes Kind konnte rauchen, nach einer groben Schätzung sind jedoch vierzig Prozent der Ehemaligen Nichtraucher. Nachdem man auf die Gefahr des Lungenkrebses aufmerksam geworden war, schien es mir nötig, autoritär zu werden und das Rauchen für alle unter sechzehn zu verbieten, wobei ich wußte, daß dann in den Toiletten und Schlafräumen heimlich geraucht würde. Bei aller Selbstregierung bestimmen meine Frau und ich da autoritär, wo es um Fragen der Gesundheit geht; einem Kind, das Fieber hat, erlauben wir nicht, an einem kalten Tag im Freien herumzulaufen. Beim Rauchen ergibt sich daraus eine Schwierigkeit, daß manche Kinder zu Hause rauchen dürfen. Es ist sehr schwer, hier allgemeine Regeln aufzustellen. Strenge Verbote bewirken immer, daß von dem Verbotenen ein besonderer Reiz ausgeht. Und es ist hoffnungslos, an die Vernunft zu appellieren und dem Kind zu sagen, daß es später Lungenkrebs bekommen kann, denn Kinder denken nicht an morgen, die meisten Erwachsenen ja auch nicht, wie man aus dem hohen Zigarettenverbrauch ersehen kann, auch nachdem das Zigarettenrauchen für gefährlich erklärt worden ist. Ein gewisser Trost ist, daß Zigaretten bei uns teuer sind und das Taschengeld vieler Kinder dafür nicht reicht. Manche Schulen verbieten das Rauchen überhaupt, und die wenigen Raucher unter den Lehrern dürfen nur in ihren eigenen Räumen rauchen. Mindestens Dreiviertel meiner Lehrer sind Raucher, mich selbst mit meiner Pfeife eingeschlossen.

Ein Vater eines Schülers reiste nach Rußland. „Ich glaubte, man würde mich lynchen. Ich hatte einigen Teenagern Zigaretten angeboten und mußte feststellen, daß niemand unter einundzwanzig raucht." Das war in Moskau, und ich weiß nicht, ob dieses ungeschriebene Gesetz für ganz Rußland gilt.

Alkohol möchte ich in der Schule nicht haben. Er hat auch für die Kinder nicht die gleiche Anziehungskraft wie der Tabak, und kaum eines würde sich welchen kaufen. Das Dumme ist, daß manchmal ein Besucher, vor lauter Begeisterung, in einer „freien" Schule zu sein, eine Flasche Whisky oder Gin mitbringt und sie den Schülern gibt. Ich habe schon zwei solche Verführer mit Besuchsverbot belegt. In meinem Leben habe ich schon zu viele gesehen, deren Alkoholismus aufs Trinken im Jugendalter zurückging.

Das Problem des Kinderrauchens ist besonders schwierig zu lösen angesichts der riesigen Zigarettenreklame im Fernsehen und in den Zeitungen. Man weiß nicht, welche Wirkung das Verbot der Fernsehreklame haben wird, wahrscheinlich eine sehr geringe. Solange Millionen von Eltern rauchen, wird es nicht leicht sein, ihre Kinder zu überzeugen, daß Rauchen schädlich ist. Wenn ich konsequent sein wollte, müßte ich auch all das ungesunde Zeug verbieten, das meine Schüler in Süßwarengeschäften kaufen. Ein Lolli kann vielleicht ebenso Krebs erzeugen wie eine Zigarette. Aber wo soll man da aufhören? Weißbrot ist nicht gesund, auch alkoholfreie Getränke können gefährlich sein. Es ist wirklich ein vertrackte Sache.

Meine Frau ist im letzten Stadium einer Krebskrankheit. Soll ich meiner Tochter schreiben und es ihr sagen?

Mary ist dreizehn. Meine Frau bereitete sie auf den Schlag dadurch vor, daß sie ihr sagte, ihre Mutter sei schwer krank, und als die Todesnachricht kam, nahm sie diese erstaunlich ruhig auf. Viele Eltern zerbrechen sich den Kopf, wie sie ihren Kindern den Tod erklären sollen. Die Eltern meiner Schüler können als Ungläubige ihren Kindern nicht erzählen, daß die Oma in den Himmel gekommen ist und dort auf sie alle wartet. Wahrscheinlich überschätzen viele Eltern die Unwissenheit der Kinder. Jedes Kind sieht den Tod — einen Käfer, einen Sperling, die Tierkörper in den Metzgereien. Der Tod erweckt mehr Neugier als Schrecken. Als ich Rektor einer Dorfschule in Schottland war, läutete ich einmal nach der Pause die Glocke, und kein Kind kam in das Haus; der Spielplatz war leer. Ein Bauer war dabei, auf einem nahe gelegenen Acker ein altes Pferd zu erschießen. Als Kinder konnten meine Schwester und ich die Ebbe nicht erwarten, weil wir in einer Mulde die Leiche eines ertrunkenen Seemanns zu finden hofften. Aber das hing mit unserer ungesunden kalvinistischen Erziehung zusammen. Wenn bekanntgemacht wurde, daß einer öffentlich gehängt werden solle, wimmelte Hampstead Heath von Menschen.

Ich finde, daß die meisten Kinder sich vor dem Tode eigentlich nicht fürchten. Ein fünfzehnjähriges Mädchen hat es so gesagt: „Ich fürchte, nicht genug zu leben. Ich möchte so viel tun, so viel sehen." Das ist eine gesunde Einstellung. Auch Erwachsene haben ein ganz richtiges Verhältnis zum Tode. Wir wissen alle, daß wir sterben müssen, aber wir denken nur selten daran, auch wenn wir wissen, daß wir nur noch ein paar Jahre zu leben haben. Die allgemeine Furcht vor einem Atomkrieg ist im Grunde die Furcht, ums Leben gebracht zu werden, nicht Todesfurcht an sich.

Man soll sich nicht zu viel sorgen um die Vorstellungen eines Kindes vom Tode; meines Wissens gibt es keine englischen Bücher über das Thema Kinder und Tod. Meine alte Freundin Budda Leunbach hat in Kopenhagen ein kleines Büchlein veröffentlicht: ‚*Mor hvor er de döde henne?*' (Mutti, was passiert mit den Menschen, wenn sie sterben?). Es ist so gut, daß es übersetzt werden sollte.

Was ist die Summerhill Society, und was macht sie?

Die Gesellschaft wurde vor einigen Jahren von Eltern und ehemaligen Schülern gegründet. Ihr Hauptzweck war die finanzielle Unterstützung, zur Zeit ihrer Gründung war die Schule nämlich immer in den roten Zahlen; sie kam erst aus dem Schneider, als 1960 die amerikanische Invasion einsetzte. Die Gesellschaft hat sehr viel für die Schule getan. Sie brachte keine großen Summen zusammen, weil diejenigen, die an die Freiheit glauben, in der Regel nicht reich sind, aber es war genug, um notwendige Dinge zu finanzieren. Sie halfen uns, eine Zentralheizung einzubauen, arbeitssparende Reinigungsgeräte anzuschaffen, Reparaturen durchzuführen usw. An meinem achtzigsten Geburtstag richteten sie einen Fonds ein und schenkten mir ein neues Auto – ein Vauxhall Viva, das erste neue Auto, das ich in meinem Leben hatte, und gleich ein so fabelhaftes.

Hat das Leben einen Zweck?

Wer kann solche Fragen beantworten? Wer weiß das? Ich glaube nicht, daß es einen hat. Individuen haben Ziele – man will sein Golfspiel verbessern oder Schauspielerin werden, aber welches Ziel hat ein Hund? Einfach zu leben und sich fortzupflanzen, und das sind unbewußte Ziele. Wir glauben nicht mehr, die göttliche Vorsehung habe dem Tiger seine Streifen gegeben, damit man ihn vom Dschungel nicht unterscheiden könne; Gott habe die Blumen bunt gemacht, damit sie die Bienen anlocken, und die Vogelmännchen habe er so schön gemacht, damit sie die Weibchen anziehen. Der einzige Zweck des Lebens ist zu leben. Ich verstehe nicht, wie ein frommer Christ oder Mohammedaner an einen göttlichen Zweck glauben kann, nachdem sechs Millionen Juden ermordet worden sind; aber man kennt sich da nicht aus. Ich hörte von einem Mann, der gefragt wurde, ob er einen Protest gegen Atombomben unterzeichnen wolle. Seine Antwort war: „Nein. Wenn Gott bestimmt hat, daß die Welt zerstört werden soll, wie kann ich mich dann dagegen auflehnen?" Ich kann ebensowenig glauben, daß dieser Mann über sich selbst Herr ist, wie ich glauben kann, daß sein Schicksal von einer äußeren Macht bestimmt ist. Gott mag in seinem Himmel sein, aber daraus folgt nicht, daß es auf der Welt mit rechten Dingen zugeht. Die Frage ist von der gleichen Art wie die andere – wie hat die Welt angefangen? Solche Fragen lassen sich nicht überzeugend und wissenschaftlich beantworten. Schließlich bin ich nur ein Schulmeister und kein Philosoph.

Wie kann ich meine Schüler dazu bringen, daß sie international denken? (Von einem amerikanischen Lehrer)

Ich bezweifle sehr, ob das möglich ist, besonders in Amerika. Trotz der Tatsache, daß Amerika ein Konglomerat von vielen Rassen ist, ist es ein provinzielles Land. Viele freundliche Briefschreiber schicken mir adressierte Umschläge, auf denen schon amerikanische Briefmarken sind, in der Annahme, daß diese international gültig sind. Ich brauchte einmal zwei Stunden, als ich auf Long Island versuchte, von Jersey City nach Forest Hills zu kommen. In der Untergrundbahn gab es kein einziges Richtungsschild. In der Londoner U-Bahn kann man sich unmöglich verfehlen, wenn man nur lesen kann. Das ist verständlich; England ist Teil eines vielsprachigen Kontinents, während die Vereinigten Staaten ein eigener Kontinent sind.

Doch habe ich meine Zweifel, ob England viel tun kann, um eine internationale Einstellung in seinen Schulen zu fördern. In Summerhill waren Amerikaner, Schweden, Norweger, Dänen, Deutsche, Holländer, Franzosen; sie lernen alle Englisch und passen sich unserer Lebensweise an. Keiner von uns versucht, ihre Sprachen zu lernen, auch passen wir uns nicht ihrer Lebensart an — ihrem Essen zum Beispiel. Als wir eine Internationale Schule in Hellerau bei Dresden hatten, und später in Österreich, mußten wir alle Deutsch lernen und uns den deutschen Sitten und Eßgewohnheiten anpassen. Sommers mußte ich morgens um sieben unterrichten. Ich haßte das frühe Aufstehen.

Hellerau war wahrscheinlich die interessanteste Zeit meines Lebens. Alle europäischen Nationalitäten außer Spanien waren vertreten. Die Schule hatte drei Abteilungen, eine Tanzschule — das Gebäude war extra für Jacques Dalcroze gebaut worden —, eine deutsche Abteilung, teilweise Internat, und eine internationale Abteilung, die ich leitete. Die Erinnerung an jene Tage stimmt mich sehr traurig, denn viele unserer Schüler waren Juden, und sie müssen alle in den Gaskammern geendet haben.

Wir mußten feststellen, daß es zwischen den Nationen große Meinungsverschiedenheiten gab. Die Deutschen hatten eine ganz andere Auffassung von Erziehung als ich. Sie strebten nach moralischer Besserung; das ging so weit, daß ein deutscher Lehrer, der gerade rauchte, schnell seine Pfeife versteckte, wenn er auf der Straße einen Schüler sah. Sie mußten erzieherische Vorbilder für ihre Schüler sein. Damals war die große Zeit der Wandervögel, der Jugendgruppen, die alte Lieder sangen und alte Tänze tanzten; sie mieden Tabak und Alkohol, aber sie hatten eine freie Einstellung zur Sexualität. Sie waren Idealisten, und wahrscheinlich übertrugen später viele von ihnen ihren Idealismus auf Hitler.

Wir hatten in der Schule Selbstregierung. Ich war nicht sehr begeistert davon, weil viel mehr geschwätzt als gehandelt wurde. Ich erinnere mich an eine Versammlung, bei der über die Unsauberkeit der Klassenzimmer diskutiert wurde. Nach der Versammlung griff ich zu Besen und Eimer und begann Ordnung zu schaffen. Drei Schüler, die sich am lautesten über die Unordnung beklagt hatten, saßen dabei und sahen mir zu. Fairerweise muß ich zugeben, daß ich in Summerhill etwas Ähnliches erlebt habe.

In Hellerau hatten wir allgemein eine internationale Gesinnung. Es gab keinen Antisemitismus, wir begegneten einander als Menschen, nicht als Russen, Polen oder Engländer. Ich vermag nicht zu sagen, welche Wirkung die Schule auf die Schüler hatte; ich weiß nur, welche Erfahrungen ich selbst ihr verdanke. Sie begründete meine internationale Haltung; meiner Anhänglichkeit an Schottland und England tat das keinen Abbruch; das Gewonnene war etwas schwer Faßbares, vielleicht ein Gefühl der Brüderlichkeit, zu dem der Nesthocker nicht kommen kann. Auch später, als ich in Berlin-Tempelhof dem Haßgebrüll Hitlers zuhörte, konnte ich die Deutschen nicht hassen, und wenn ich von den deutschen Verlusten im Zweiten Weltkrieg las, fragte ich mich betrübt, ob wohl Fritz und Hermann darunter seien.

Ich mache mir über den Internationalismus keine Illusionen. Nicht einmal hundert internationale Schulen könnten den Weltfrieden retten. Die Mächte, die den Krieg machen, haben keine Verbindung mit denen, die für den Weltfrieden arbeiten. Ich erinnere mich an einen Vortrag in einem überfüllten Saal in Stockholm. Ich sagte: „Ihr Schweden kommt in hellen Scharen, um über Freiheit in den Schulen zu hören, aber ihr tut nichts dafür. Eure Schulen sind Fabriken, sie produzieren Kinder, die Prüfungen bestehen können. Warum tut ihr nichts dagegen?"

Da stand ein Lehrer auf.

„Die Männer, die unsere Erziehung beherrschen, kommen nicht zu Ihren Vorträgen."

So ist es in der Weltpolitik. Die Gegenwart ist voll von tödlichem Haß – Vietnam, Kongo, die Südstaaten, Malaysia, Indien, Pakistan, Zypern, Tibet, Rhodesien –, und alle Menschen auf der Welt wollen Frieden. Warum töten Millionen Arbeiter, Zimmerleute, Bauern, Lehrer in Kriegen Millionen ihresgleichen? Alle wollen sie keinen Krieg; alle wollen sie keine Mörder sein. Der Friede kann nur kommen, wenn wir den Nationalismus abschaffen und die Ausbeutung von Öl und Gold aufheben. Starben die Männer, die im Burenkrieg fielen, für die Ehre Großbritanniens oder für die Profite der Diamanten- und Goldaktionäre? Eine der rätselhaftesten Eigenschaften des Menschen ist seine Fähigkeit, sich für Dinge zu opfern, die ihn nichts angehen.

Sechzig Millionen Deutsche folgten einem Verrückten. In den Vereinigten Staaten rufen Tausende: „Lieber tot als rot!", ein höchst alberner Schlachtruf, ändert sich doch der Kommunismus jeden Tag; wie ich höre, will die Jugend in Rußland nicht mehr Karl Marx lesen. Wenn man den Kommunismus bekämpfen will, sollte man es dadurch tun, daß man beweist, daß der Kapitalismus das bessere System ist, daß er mehr Glück für mehr Menschen ermöglicht. Es ist mir unverständlich, warum das Wort Kommunismus in Amerika so viel Schrecken und Wut erregt. Der Hauptunterschied zwischen den beiden Systemen scheint zu sein, daß das eine Profite erlaubt und das andere nicht. Beide Systeme formen ihre Kinder zu Hause und in der Schule; beide halten am Nationalismus fest; beide glauben, daß der Friede von der Wasserstoffbombe abhängt. Beide legen dem einzelnen Beschränkungen auf; ein Russe kann keine westliche Tageszeitung kaufen außer dem *Morning Star*, und ein Amerikaner kann sich nicht als Kommunist bezeichnen. Ebensowenig wie sich einer auf dem Roten Platz hinstellen und gegen den Kommunismus wettern kann, kann ein Neger in Alabama eine weiße Schule betreten. Die Leute an der Spitze, die die Macht ausüben, lassen sich wahrscheinlich von dem Erfolg der Pestalozzischulen in der Schweiz nicht beeinflussen.

Dennoch soll man es immer wieder versuchen, denn als Alternative bleibt nur Apathie und Fortbestand einer kranken Kultur. Mach also einen Versuch, junger amerikanischer Lehrer, aber verlange das Schulgeld nicht in Dollars, denn normale europäische Eltern können es sich nicht leisten, ihre Kinder nach Amerika zu schicken.

Was halten Sie von den internationalen Studentenunruhen?

Sie sind Zeichen des Fortschritts, die uns hoffen lassen. Die Studenten rebellieren dagegen, daß sie wie Kinder behandelt werden und wenig oder nichts zu sagen haben, wenn es darum geht, wie sie unterrichtet werden und was sie lernen sollen. Es ist eine Revolution gegen den Paternalismus, dagegen, daß ihnen vorgeschrieben wird, wie sie leben sollen, vorgeschrieben von den Älteren, die nicht klüger und nicht besser sind als sie selber.

Die Universitätsbildung ist heute sehr eng. Viele Studenten spüren das und begehren dagegen auf. Die Universitäten könnten von Summerhill viel lernen. Es kommt einer wirklichen Demokratie so nahe wie möglich; Lehrer und Schüler machen zusammen die Gesetze, wobei es allerdings Einschränkungen gibt. Ich frage die Schüler nicht, wenn ich entscheiden muß, ob ich Schulze oder Schmidt als Physiklehrer anstellen soll. Sie haben nicht die Erfahrung, um hier zu urteilen, und sie wissen das und haben nie versucht, bei der Anstellung von Lehrern mitzureden. Wenn aber ein Lehrer schlecht ist, haben sie das Recht zu sagen, daß sie seinen langweiligen Unterricht nicht besuchen wollen, und er muß dann die Schule verlassen. Wenn diese Methode an den staatlichen Schulen angewandt würde, gäbe es verdammt viele arbeitslose Lehrer.

Ich sehe nicht ein, warum eine Universität nicht in ähnlicher Weise demokratisch sein kann. Wie in Summerhill gäbe es Grenzen; die Studenten würden dem Biologieprofessor nicht sagen wollen, wie er seinen Stoff zu unterrichten habe. Es gibt eine Autorität des Wissens. Wenn ich meinen Blinddarm entfernen lassen muß, möchte ich nicht von dem Mann operiert werden, der mich in den Operationssaal fährt. Die jungen Leute sind keine Narren; wenn man den Studenten an den Universitäten mehr Freiheit gäbe, würden sie ebensowenig wie meine Schüler mit Provokationen arbeiten. Etwas anderes ist beunruhigend. In den Vereinigten Staaten hat sich die Unruhe unter den Studenten nach der Erschießung von Studenten der Universität Kent noch verstärkt, aber die Arbeiter und Gewerkschaften sind gegen die Studenten; sie stehen auf der Seite des Establishments, es ist Nixons „schweigende Mehrheit". Das mag daher kommen, weil sich die Arbeiter mit ihren hohen Löhnen und Autos jetzt zur Mittelklasse rechnen und konservativ sind, aber es muß auch etwas Eifersucht mit im Spiel sein; sie sind mißtrauisch gegen diejenigen, die eine bessere Bildung als sie selber haben. Als ich vor über sechzig Jahren in Edinburgh studierte, bewarfen uns die Arbeiter der Stadt bei unseren Umzügen mit Gegenständen und griffen uns mit Stöcken und Steinen an. Es war ein Klassengegensatz. Sie fühlten sich uns unterlegen.

Wenn die Studenten Gewalt anwenden, schaden sie ihrer Sache, denn die Staatsmacht wendet dann auch Gewalt an, und sie hat die stärkeren Waffen. Ich frage mich, ob man mit Gewalt jemals etwas erreicht hat. Die russische Revolution, die mit dem großen Ideal der Gleichheit begann, endete in dem Rußland von heute, wo sich einer nicht getraut, etwas gegen das System zu sagen oder zu schreiben. Wir wissen alle, was sich in der Tschechoslowakei zugetragen hat; es sieht so aus, als habe die russische Gewalt Erfolg gehabt, aber was wird das Ende sein?

Es ist wahr, daß die Gewalt der große Eroberer war. Der weiße Mann überwältigte Australien und Amerika mit Gewalt, und man könnte sagen, daß die Not der Ureinwohner und der Negergettos in den USA der Preis ist, der immer noch dafür bezahlt werden muß.

Es ist beklagenswert, daß die gewaltlose Revolution Generationen braucht, bis sie Erfolg hat. Wie viele Kinder mußten in der Zeit von Dickens elend sterben, ehe die Kinderarbeit abgeschafft wurde. Wenn der arme Oscar Wilde heute gelebt hätte, wäre er sehr geschätzt und wahrscheinlich geadelt worden. Meine Meinung über Erziehung ist folgende. Summerhill ist keine Revolution; es ist ein bescheidener Versuch, eine Kindererziehung, die auf Haß und Angst und eine überlebte Moral gegründet ist, zu verändern. Wenn ich meine Kinder bewaffnen und mit ihnen Piccadilly hinuntermarschieren würde, wären wir das Gelächter von ganz London, wenn wir ins Gefängnis abgeführt würden. Das Gesetz gewinnt immer, es zieht so viele stramme Polizisten an. Reich erzählt in seinem Buch ‚People in Trouble' von den Aufständen in Wien, wo streikende Arbeiter von ihren Klassengenossen in Uniform erschossen wurden. Die wildgewordenen Polizisten, die in Chicago so viele niederknüppelten, waren Angehörige der Arbeiterklasse. Du brauchst nur eine Uniform anzuziehen, und du gehörst automatisch zur Herrenklasse. Ich nehme an, daß die Folterknechte von Bergen-Belsen gewöhnliche Arbeiter waren, die ihre Barbarei herauslassen konnten und denen die Uniform als Entschuldigung und Rechtfertigung diente. Die schlimmsten müssen hochgradig Perverse mit ganz geringer Intelligenz gewesen sein. Leider gibt es solche Menschen in jeder Gesellschaft und in jedem Land. Wir wären entsetzt, wenn uns die Folterungen in Griechenland und anderen Ländern in allen Einzelheiten bekannt würden.

Leider werde ich es bei meinem Alter nicht mehr erleben, daß die Studenten die Freiheit erringen, auf die sie einen Anspruch haben.

Welche Bedeutung hat für Sie das Geld?

Die Einstellung des Menschen zum Geld hängt von seinem Alter ab. Je älter man wird, desto weniger bedeutet einem Geld. Ich möchte nichts mehr kaufen, schaue nicht mehr in das Schaufenster eines Bekleidungsgeschäftes. Geld verschafft einem Komfort, aber es macht nicht unbedingt glücklich. Haben Sie je in einem Rolls-Royce glücklichere Gesichter als in einer Gruppe von Anhaltern gesehen? Ich nicht. Für die Jugend bedeutet Geld viel. Geld brennt ein Loch in die Tasche, wie ein englisches Sprichwort sagt, und das ist ein Grund, warum es einfach Zeitverschwendung ist, Kinder zum Sparen anzuhalten; sie denken nicht an morgen — Gott sei Dank, möchte man in unserem Atomzeitalter sagen.

Grundsätzlich gibt es zwei Einstellungen zum Geld. Als Student gewann ich in einem Zeitungswettbewerb vierzig Pfund, das war damals viel Geld. Ich legte es auf die hohe Kante und konnte mir davon während der ganzen Studentenzeit meine Kleider kaufen. Ein Studienkollege erbte damals von einer Tante fünfzig Pfund. Er veranstaltete ein Sektgelage und verjubelte alles in einer Nacht. Die meisten Kinder haben diese Einstellung zum Geld, sogar schottische Kinder. Aber warum sollen wir darüber viel reden? Es ist ja nur Geld.

Vor einiger Zeit fragte mich ein Besucher, ob ich Bücher schreibe, um Geld zu verdienen. Ich bezweifle, ob irgend jemand etwas Schöpferisches tut, weil er damit Geld verdienen will. Sicher denkt kein Maler an Geld, wenn er ein Bild malt. Ich denke überhaupt nie an Geld, wenn ich schreibe; man schreibt, weil man schreiben muß, und die Motive sind nie ganz klar. Möchte ich die Leute zu meinen Ansichten über Kinder bekehren? Möchte ich mich gern gedruckt sehen? (Barrie sagte einmal, der gedruckte eigene Name sei das schönste Gedicht, aber Barrie hatte einen starken Minderwertigkeitskomplex.) Was immer die versteckten Motive für das Schreiben sein mögen, das Geldverdienen ist nicht darunter. Ganz selten in den fünfzig Jahren meines Schreibens habe ich bei meinem Verleger angefragt, wie sich ein Buch verkaufe.

Ich möchte mir nicht einreden, daß Buchhonorare für mich keine Rolle spielen, sondern nur klarmachen, daß der Gedanke ans Geld erst kommt, wenn die schöpferische Arbeit getan ist. Wahrscheinlich gilt das auch für Autoren, die laufend Reißer vom James Bond-Typ hervorbringen.

Haben Sie in Summerhill irgendwelche Marotten bei der Ernährung?

Wenn man unter Marotten versteht, daß man nur vegetarische Kost ißt oder daß man einen Bissen sechzigmal kaut, bevor man ihn hinunterschluckt, dann haben wir keine. Wir streben eine ausgeglichene Kost an und meiden stärkehaltige Mehlspeisen so gut wie möglich. Ich habe schon erwähnt, daß wir immer Vollkornbrot hatten, heute ziehen jedoch einige Kinder Weißbrot vor. Im allgemeinen brauchen neue Schüler einige Zeit, bis sie an unseren rohen Gemüsen Geschmack finden; viel hängt natürlich davon ab, an welche Kost die Kinder zu Hause gewöhnt waren. Die Ernährung ist eine wichtige Sache; der Besitzer eines Rolls-Royce würde niemals Normalbenzin tanken. Ich finde jedoch, daß es gar nicht einfach ist, sich über die richtige Ernährung ein Urteil zu bilden. Mein Vater starb mit fünfundachtzig und hatte sein ganzes Leben das Falsche gegessen, zu viel Weißbrot, zu viele Kartoffeln, nicht genug frisches Obst und zu viel von dem köstlichen schottischen Teegebäck. Er hatte nie einen Arzt gebraucht bis zu der Zeit, als er im Sterben lag. Trotzdem glaube ich, wir sollten unseren Kindern eine möglichst vitaminreiche Nahrung geben. In Summerhill haben wir weder über Verstopfung noch über Durchfall zu klagen. Da alle Besucher und Schüler unser Essen loben, sind wir wahrscheinlich auf dem richtigen Weg.

Spinnen die Lehrer ein bißchen? Tragen sie Sandalen und lassen sich Bärte und lange Haare wachsen?

Diese Frage kommt von einer Schülerin, die vielleicht ein Beatles-Fan ist.

Es kommt darauf an, was man unter Spinnen versteht. Wir sind keine Modelle für ein Schneiderjournal; die Männer tragen Blue jeans und Pullover und nur selten eine Krawatte. Die Frauen — einen Augenblick bitte, ich weiß nicht, was sie tragen, ich bin nämlich ein schlechter Beobachter; ich sehe nur Gesichter und Augen, aber wahrscheinlich sind die Lehrerinnen ein bißchen besser gekleidet als die Lehrer. Einige benutzen Lippenstifte, und wenn die älteren Schülerinnen Kosmetika benutzen, dann geschieht das in einer Weise, daß man es als Mann gar nicht bemerkt. Nein, wir spinnen nicht, wir sind einfach eine kleine Gruppe von Menschen, die auf Kleidung und Aufmachung keinen besonderen Wert legen. Dadurch wird das Leben billiger. Ich kaufe mir einen Kordanzug für ungefähr achtzig Mark, während ein Lehrer an einer staatlichen Schule für einen Anzug von der Stange viermal soviel zahlen muß. Da fällt mir ein, daß man einen Spinner mit einem englischen Sprichwort definieren könnte als einen, der eine Biene unter seinem Hut hat, und da in Summerhill niemand einen Hut trägt, trifft die Bezeichnung Spinner vermutlich nicht auf uns zu.

Ist William Goldings ‚The Lord of the Flies' nicht ein Beweis dafür, daß Ihre Ansichten über Kinder ganz falsch sind?

Im Gegenteil, sie beweisen, daß die Ansichten des Establishments ganz falsch sind.

Tausende werden ausrufen: „Ich wußte es ja. Ich wußte, daß Jungen sündig auf die Welt kommen und nur gesittet werden, weil wir ihnen Anstand beibringen und sie zu höheren Dingen führen." Nimm ein paar Jungen. Forme sie von früh an. Unterdrücke ihre natürliche Energie und Neugier mit langweiligen Schulfächern, mit moralischer Belehrung, mit Religionsunterricht und mit Strafen, kurz, vergälle ihnen ihr junges Leben, und wenn sie dann der Fuchtel der Erwachsenen entronnen sind, werden sie ihre Gesichter bemalen und einander umbringen. Es ist bezeichnend, daß die großen Gangster in ihrer Jugend Chorknaben waren; sie konnten nicht übersehen, daß die Religion, in der sie erzogen wurden, von ihren Eltern und Lehrern nicht ernst genommen wurde. Wenn man einem Kettenhund Freiheit gibt, wildert er.

Für mich ist Goldings Buch ein Beweis, daß unsere Kindererziehung verkehrt und gefährlich ist. Seine verpestete Insel ist in Kleinformat die verpestete Insel, die wir Großbritannien nennen. Unsere Mods und Rockers entsprechen seinen bösartigen kleinen Jungen, die haßerfüllt sind, weil Unterdrückung Haß erzeugt. Man denke an den Haß der weißen Kinder in den Südstaaten der USA und den Haß der Südafrikaner gegen die Eingeborenen. Ob er es wußte oder nicht, Golding hat unserem ganzen Erziehungssystem das Urteil gesprochen. Was ich hier sage, ist eine Überzeugung, die auf ein halbes Jahrhundert Praxis gegründet ist. Golding hätte wenigstens ein Mädchen einführen können, um ihre haßerfüllten Herzen zu besänftigen, aber ein Mädchen hätte seine Lieblingsthese beeinträchtigt, daß alle Jungen mit der Erbsünde geboren werden und nur durch die strenge Disziplin der Erwachsenen gerettet werden können. Ich möchte hinzufügen, daß manche unterdrückten Schulmädchen sich ohne weiteres der wilden Bande hätten anschließen können.

Golding hat die falschen Kinder studiert. Wahrscheinlich hat er nie Kinder erlebt, die ohne Formung von außen waren, die Liebe statt Haß erfuhren, Kinder, die natürliches Mitgefühl haben und tolerant sind. Seine Jungen sind die Jungen, die unsere Schulkasernen verlassen. Sie fühlen sich von dem langweiligen Schulunterricht und den gehaßten Schuleinrichtungen befreit. Sie fühlen, daß sie endlich sie selbst sein können, und sie sind nun wirklich sie selbst, arme Teufel mit verkümmertem Gefühl, ohne Bildung, mit verwilderten Phantasien. Aus den Bandenkriegen zwischen Mods und Rockers könnte auf einer verlassenen Insel leicht ein Kampf bis aufs Messer werden.

Gewiß versuchen die Inselbewohner unter der Führung von Ralph und Piggy eine Gemeinschaft mit Selbstregierung zu bilden, aber der starke Jack reißt die Macht an sich, was unter Kindern, die von Bevormundung durch Erwachsene frei sind, wahrscheinlich nicht passieren würde. In meiner Schule findet der Führertyp keine Anhänger, und wenn Summerhill auf eine Insel verschlagen würde, bestünde die gemeinschaftliche Regierung vermutlich weiter, auch wenn gar keine Erwachsenen da wären.

Ein Unterschied zwischen Goldings Jungen und meinen Schülern ist, daß seine Jungen sich nicht um die Kleineren kümmern; sie kennen nicht einmal ihre Namen, während meine älteren Jungen eine beschützende Haltung gegen die Jüngeren einnehmen. Der Diktator Jack ist der Sprecher der Chorknaben, die dazu erzogen werden, Gott zu loben – die Überautorität über den vielen kleinen Autoritäten, die das junge Leben unterdrücken. Goldings Insel ist „voller Lärm", sie ist voller Angst und Haß. Alle Kinder und Erwachsenen hätten auf einer verlassenen Insel Angst, aber ich bin sicher, daß nur diejenigen, die dazu erzogen wurden, das Leben zu hassen und zu fürchten, ihre Angst in Mord und Totschlag umsetzen. Die Jungen hatten nie Gelegenheit gehabt zu spielen, ihre Phantasien im Spiel auszuleben. Das gilt auch von den Hunderttausenden, die sich bei Fußballspielen und Boxkämpfen heiser schreien.

Es ist ganz interessant, daß der aus der Arbeiterklasse stammende Piggy, der vielleicht nie in seinem Leben sich an einem Mannschaftsspiel beteiligt hat, der einzige ist, der Intelligenz und Initiative zeigt. Warum fallen übrigens Piggy und Ralph nicht wie alle anderen Jungen in die Barbarei zurück? Das Buch macht den Eindruck, als wäre es Jahrzehnte bevor die Welt von Freud, Homer Lane und Aichhorn hörte, geschrieben worden. Es ist ein Buch ohne Hoffnung. Angenommen, Golding hätte recht, dann müßte man zugeben, daß wir alle potentielle Gestaposchergen sind, daß in uns allen die Möglichkeit steckt, Juden zu foltern und Neger zu lynchen; dann müßte man annehmen, daß wir alle Mörder sind, die nur durch die Angst vor der Polizei, den Lehrern, den Eltern zurückgehalten werden. Die Folgerung müßte sein, daß wir alle einen Billy Graham brauchen, damit unsere mörderischen Seelen gerettet werden.

Nein, der Mensch ist nicht böse, er wird nur von den andern böse gemacht, aber es ist rätselhaft, wie Menschen dazu kommen, schon die Kinder zu verderben und zu formen. Die Schwäche des Menschen ist sein Wahn, andere belehren zu müssen; er schuf Gott nach seinem eigenen Bilde, weil er sich als Gott fühlt, allwissend und allmächtig. Seine Kinder sind seine Untertanen, die er nach seinem eigenen Bilde formt. Und weil Kinder von Natur gefügig sind, hört die große Mehrheit auf die Stimme des Herrn, und die meisten werden brave Bürger. Der Wurm, der sich gegen das Getretenwerden wehrt, wird zum Reformer, er wird, o Wunder, ein Wurm mit Rückgrat; der Wurm ohne Rückgrat kann nur mit Zerstörung und mit seinem Haß protestieren. Jugendkriminalität ist nur fehlgeleitete Pionierarbeit.

,The Lord of the Flies' hat gezeigt, daß eine aufgezwungene Moral nur oberflächlich ist. Es hat auf dramatische Weise bewiesen, daß in einer geformten Welt alles faul ist. Kinder, die nicht geformt worden sind, hätten niemals so viel Haß in sich, daß sie der Barbarei verfallen.

Ich bin in meinem zweiten Collegejahr. Den langweiligen Unterricht habe ich so satt, daß ich drauf und dran bin aufzuhören, obwohl ich Kinderpsychologe werden möchte. Halten Sie das für richtig?

Diese und ähnliche Fragen sind mir immer wieder gestellt worden. Statt eines Rates gebe ich einfach das Für und Wider. Das Für ist leicht einzusehen. Wenn der Fragesteller mit dem Studium aufhört, wie kann er dann je Kinder behandeln? Ob uns das gefällt oder nicht, wir sind in der Hand der Behörden, die die Anforderungen festsetzen, und wenn wir sie nicht erfüllen, bleibt uns der Beruf, in dem wir arbeiten möchten, verschlossen. Ein junger Mann kann nicht sagen: „Ich möchte Arzt werden, aber die ganze Anatomie auswendig zu lernen, ist bloß Zeitverschwendung." Wenn man zu einer Tätigkeit fest entschlossen ist, wird man auch durch die Tretmühle gehen, wenn es nötig ist. Ich wußte, daß ich Angelsächsisch lernen mußte, um einen akademischen Grad in Englisch zu erhalten. Ich haßte das Zeug, aber ich wußte, daß ich ohne das kein Examen machen konnte.

Ich hatte oft Lehrer, die keine amtliche Lehrbefähigung hatten. Ich habe ihnen immer geraten, auf ein Lehrerseminar zu gehen, um einen Titel vor ihren Namen zu bekommen. Von innen kann man das Establishment am besten bekämpfen. Also gebe ich doch einen Rat. Ich möchte diesen Studenten sagen: Habt den Mumm, den Sumpf zu durchwaten, wenn ihr die Gipfel da drüben wirklich erklimmen wollt. In diesem Buch habe ich schon Beispiele von Könnern angeführt, die eine Stelle nicht bekommen konnten, weil sie die vorgeschriebenen Prüfungen nicht abgelegt hatten.

Heute fordern viele Leute das System auf die falsche Weise heraus und schaden dadurch ihrem beruflichen Fortkommen. Ein junger Mann, den ich kenne, verlor jede Stellung, weil er sich offen zum Kommunismus bekannte. Natürlich wurde nicht seine politische Einstellung als Entlassungsgrund angegeben; o nein, die Firma nahm allgemeine Personaleinschränkungen vor. Er war ein ausgezeichneter Ingenieur, aber jetzt ist er, wie ich höre, als Arbeiter tätig. Er war kein Schüler von uns. Wir sollen nicht lügen, aber auch nicht ungeschickt mit der Wahrheit herausplatzen. Im folgenden erdachten Interview ist der Stellenbewerber ein leidenschaftlicher Freund der Wahrheit.

„Was sind Ihre Hobbies, Herr Maier?"

„Ich gucke gern durch das Schlüsselloch von Badezimmern und kritzle unanständige Sachen auf Abortwände."

Wie viele von uns würden wohl Anstellungen kriegen, wenn wir die Wahrheit über uns sagten?

So sage ich den Jungen: Seid bewußter Heuchler in den Dingen, auf die es nicht ankommt. Behaltet die Dinge, auf die es ankommt — euren Ehrgeiz, eure Ideale — für euch, bis ihr frei genug seid, sie öffentlich zu zeigen. Lauft vor den hassenswerten Dingen in Schule und College nicht davon. Wenn ihr damit nicht fertig werdet, wie könnt ihr dann wissen, daß ihr den Mumm habt, mit den großen Dingen, um die es euch geht, fertig zu werden? Ich füge eine Warnung hinzu: Fangt nicht an, das Schlechte hinzunehmen und dann zu glauben, es sei das Gute; kurz, tretet niemals innerlich auf die Seite des Establishments.

X Persönliches

Vier Ihrer Bücher waren ein großer Erfolg. Bilden Sie sich darauf etwas ein?

Nach dem Wörterbuch ist Einbildung eine Überschätzung der eigenen Person. Wahrscheinlich bildet man sich auf Dinge etwas ein, in denen man nicht besonders gut ist. Ich pflegte mir auf mein Tanzen und meine dilettantischen Metallarbeiten etwas einzubilden, aber ich glaube nicht, daß ich mir auf meine eigentliche Arbeit etwas einbilde. Wenn ich an meine vielen Schüler denke, habe ich ein Gefühl des Stolzes, aber niemals kommt mir der Gedanke, ich hätte etwas Besonderes geleistet. Das ist keine falsche Bescheidenheit. Was einer tut, tut er nicht allein; jeder Mensch ist ein Knäuel von äußeren Einflüssen, natürlich kommt dann noch etwas Persönliches dazu. Viele haben mich beeinflußt – H. G. Wells, Bernard Shaw, Freud, Homer Lane, Wilhelm Reich; ein Pädagoge ist allerdings nicht darunter. Man hat mich oft einen Schüler von Rousseau genannt, aber ich habe Rousseau nie gelesen. Auch bei meinem Versuch, John Dewey zu lesen, hatte ich nicht viel Erfolg. Von Maria Montessori, die das Kind dem Apparat anpassen wollte, habe ich nichts gelernt. Und nie käme mir der Gedanke, daß Summerhill etwas Wunderbares ist. Die Kinderpsychologie hat gezeigt, daß das Fühlen viel entscheidender ist als das Denken, und so gründete ich eine Schule, in der die Gefühle das Primäre sein sollten. Jeder mit einem Glauben an die kindliche Natur hätte das tun können. Dabei kam mir zugute, daß ich es verstand, mich selbst aus dem Spiel zu lassen; niemals habe ich versucht, jemand meine persönlichen Überzeugungen aufzuzwingen. Wenn Sie meine Schüler über mich befragen würden, könnten diese keine Auskunft geben. Wie ist meine politische Einstellung? Was halte ich von der Religion? Von Ärzten und Arzneimitteln? Sie wüßten es nicht und wollten es glücklicherweise auch gar nicht wissen. Die größte Gefahr für einen Lehrer ist, seinen Schülern mit seiner eigenen Persönlichkeit zu imponieren, und leider erreichen das viele dadurch, daß sie überlegen, würdig, humorlos und oft gefürchtet sind. Keiner sollte Lehrer sein, wenn er in einem Kind Furcht erweckt.

Nein, ich bilde mir auf meine Arbeit nichts ein. Außerdem dämpft das Alter jede Versuchung dazu. Als vor vielen Jahrzehnten mein erstes Buch erschien, konnte ich es kaum erwarten, die eintreffenden Zeitungskritiken zu lesen, während ich sie heute liegenlasse, bis ich meine Briefe gelesen habe. Man braucht viele Jahre, um die Tatsache einzusehen, daß man nicht so wichtig ist. Ich bezweifle sehr, ob ein alter Mann erfreut wäre, wenn man ihm einen Titel anböte. Wenn ich Lord Summerhill wäre, müßte ich rot werden, wenn ein Ladenbesitzer mich mit „My Lord" anredete. Was für ein feiner Pinkel bist du geworden, müßte ich zu mir sagen. Ehrungen haben gewöhnlich keinen Wert, und die einzige Auszeichnung, die man sich in England gefallen ließe, wäre der Verdienstorden (Order of Merit), weil es der einzige Titel ist, der für bestimmte Leistungen verliehen wird. Gewiß werden berühmte Schriftsteller, Künstler und Chirurgen geadelt, aber meistens werden Geldleute ausgezeichnet, so daß in unserem Oberhaus Barone sitzen, die mit Bier, Whisky, Autos oder was weiß ich ein Vermögen verdient haben. Warum Künstler den niederen Adelstitel annehmen, ist mir ein Rätsel. Die einzige Ehre, die zu haben es sich lohnt, ist die persönliche Genugtuung, eine Arbeit gut und treu getan zu haben. Aber damit bin ich vom Thema Einbildung etwas abgekommen.

Ein Junge hat Sie mit „Neill", ohne „Mister", angeredet. Respektiert er Sie nicht?

Das will ich nicht hoffen. Kinder sind aufrichtiger als wir Erwachsenen; sie übergehen alles, was bloß konventionell, äußerlich und nichtssagend ist. Die BBC hat recht getan, daß sie den „Mister" fallenließ; es heißt nicht mehr „Mr. Ted Heath" oder „Mrs. Barbara Castle". Ich verstehe nicht, warum jemand „Mister" genannt werden will. Ich verwende es selten in einer Adresse oder einem Brief; ich schreibe „Dear John Brown", aber bis jetzt habe ich es noch nicht über mich gebracht, das nichtssagende „dear" und „yours sincerely" wegzulassen. Mit meinen Schülern zusammen versuche ich, aufrichtig zu sein. Manche Leute tun beleidigt, wenn man sie mit dem Vornamen anredet; zu seinem Chef kann man nicht „Willi" sagen, dabei glaube ich, daß Henry Ford in seinen Betrieben von den Mechanikern mit „Henry" angesprochen wurde; dennoch hat jeder Arbeiter gewußt, daß Henry der Chef war und jeden auf der Stelle entlassen konnte. Unsere Gleichheit in Summerhill ist wohl von anderer Art. Für Lehrer, Schüler und Mitarbeiter bin ich einfach „Neill"; meine Frau wird mit „Ena", und alle Lehrer werden mit ihren Vornamen angeredet. Das ist nichts Ungewöhnliches, auch in anderen Internaten wird es so gehandhabt.

Manche Briefschreiber schicken mir frankierte Umschläge, an „James Smith Esq." adressiert. (Hier möchte ich erwähnen, daß von fünfzig Briefen, die ich erhalte, nur einem ein adressierter und frankierter Umschlag oder bei Auslandsbriefen ein internationaler Gutschein beiliegt, obwohl fast alle Briefe Anfragen enthalten.) „Esquire" war ein Titel für Landedelleute und Gutsbesitzer, aber heute kann sich jeder „Esquire" nennen. Als ich vor vielen Jahren einem Wahlbewerber half, Rundschreiben an die Wähler eines ländlichen Wahlbezirkes zu verschicken, sagte er mir, ich müsse bei dem kleinsten Bauern „Esquire" schreiben. Es geschah, aber der andere Kandidat gewann. Vielleicht hatte er bei allen die Anrede „Lord" gewählt.

Sie sind Schotte. Warum haben Sie Ihre Schule nicht in Schottland gegründet?

Ja, ich bin eine der Ratten, die das Schiff, das nicht gesunken ist, verließen. Ich liebe meine Heimat — aber ich möchte dort nicht leben; man muß dort leben, wo man eine Aufgabe zu erfüllen hat. Die Tatsache, daß ich in den ganzen Jahren höchstens fünf schottische Schüler hatte, zeigt, daß Schottland Summerhill nicht braucht. Lange Zeit standen die Abschlußzeugnisse und M. A.-Titel der schottischen Schulen und Universitäten in hohem Ansehen. Schottland hat darauf viel gehalten, und es ist immer noch ein Land mit einem hohen wissenschaftlichen Niveau; freilich ist Wissenschaft noch nicht Erziehung. Wie viele Pionierschulen gibt es in Schottland, wenn man von John Aitkenheads Schule in Kilquhanity absieht?

Ich schäme mich, daß ich das sagen muß, aber meine Heimat ist für seine körperliche Züchtigung berüchtigt. Der Lederriemen wird viel zu häufig benutzt. Als ich vor einiger Zeit an meiner alten Universität einen Vortrag hielt, wurde ich von Rektoren angegriffen, weil ich gegen die Prügelstrafe wetterte. Das Seltsame dabei ist, daß die Schotten viel freundlicher und entgegenkommender sind als die Engländer. Fährt man nach Norden und macht in Kelso oder Jedburgh eine Teepause, so erlebt man, daß einen das Servierfräulein als ein menschliches Wesen, als Gleichen behandelt. „Sie sind wohl gerade auf Urlaubsreise." Frage in Glasgow auf der Straße jemand nach dem Weg, und er geht wahrscheinlich ein Stück mit, um ihn dir zu zeigen. Als Student ging ich in einen Laden in der Princes Street, um eine Hose zu kaufen. Ich sagte, sie sei zu teuer. „Das stimmt", sagte der Verkäufer, „wenn Sie in den Leith Walk gehen, können Sie die gleiche Hose fünf Mark billiger kriegen." Aber vielleicht war ihm schon gekündigt worden.

Die Norweger sind ein freundliches Volk, doch wenn man dort mit dem Auto unterwegs ist und in einer schmalen Straße anhält, um einen anderen Fahrer vorbeizulassen, bedankt sich dieser nie durch ein Erheben der Hand. Die Engländer sind die rücksichtsvollsten Autofahrer der Welt. So kann man ein Volk nicht nach einzelnen Charakterzügen beurteilen. Die Schotten gelten sprichwörtlich als hartgesottene und geizige Rasse, man traut ihnen sogar zu, einen Juden zu überlisten. Es war kein Jude, der am Hochzeitstag seiner zweiten Tochter sagte: „Ich glaube, wir müssen noch etwas Konfetti dazu kaufen, denn an Maggies Hochzeit hat es ja geregnet." Natürlich war es auch kein Schotte; ich habe mir erzählen lassen, daß ein Klub in Aberdeen die Witze über den schottischen Geiz erfindet.

Ihren praktischen und nüchternen Sinn kann man an dem Erfolg ablesen, den Schotten als Geschäftsleute und Ingenieure hatten. Es hat einmal jemand gesagt, weil unter dem Kalvinismus alles zur Sünde wurde und den Schotten Wein, Weib und Gesang verboten waren, konnten sie ihr Geld nur dazu verwenden, noch mehr Geld damit zu verdienen. Der Kalvinismus dauert noch fort, man braucht nur an die schottische Sabbatheiligung mit den geschlossenen Kneipen und der Abneigung gegen geöffnete Kinos und Golfplätze zu denken. Wahrscheinlich ist es dieser kalvinistische Einschlag, der das Land daran hindert, sein Erziehungswesen zu modernisieren. Der Kalvinismus begünstigte den Individualismus. Bei dieser Religion mußte man selber seine Seele retten ohne die Hilfe eines Außenstehenden. Und in der Schule mußte man sich einen guten Platz sichern durch fleißiges Lernen und gutes Betragen — andernfalls... Die Engländer fürchten sich davor, ihre Gefühle zu zeigen; die Schotten fürchten sich davor, Gefühle zu haben. Da Summerhill auf das Gefühl gegründet ist, wäre es in Schottland fehl am Platze gewesen. Ich möchte nicht sagen, daß Schottland hinter dem Mond ist, wenn ich jedoch oben im Norden einem Fremden vorgestellt werde, dann meistens als Verfasser von ‚*A Dominie's Log*', einem vor über fünfzig Jahren veröffentlichten Buch. Trotzdem stimme ich in den Ruf ein: „Er ist einer von uns; wer ist wie wir?", wobei ich weiß, daß Samuel Johnson wahrscheinlich geantwortet hätte: „Gott sei Dank niemand."

Warum haben Sie Summerhill gegründet?

Ich habe keine Ahnung. Können wir überhaupt wissen, warum wir in unserem Leben bestimmte Dinge tun? Wer kann sich von allen Einflüssen Rechenschaft geben, denen er ausgesetzt war? Wir waren acht Geschwister. Ich stellte das System in Frage und wurde zum Rebellen, aber meine Brüder und Schwestern blieben Mitglieder des Establishments. Warum? Ich weiß es nicht. Aber ich weiß, daß ich das System in Frage zu stellen begann, als ich Rektor einer Dorfschule war, als ich anfing, mir Gedanken zu machen, welche Bedeutung Dezimalbrüche, das Lange Parlament und die Exporte Perus für das Leben von Kindern haben, die einmal Landarbeiter und Hufschmiede werden sollten.

Seitdem habe ich nicht aufgehört, das System in Frage zu stellen. Damals hatte ich noch nichts von Freud gehört, und erst als ich mit Homer Lane bekannt wurde, erfuhr ich von der Bedeutung des Unbewußten und der Gefühle für die Erziehung. Von da an verlagerte sich mein Interesse von dem Kampf gegen die Verrücktheit des Lehrstoffes auf den Kampf für das Recht des Kindes, seine Gefühle völlig ungehindert zu entfalten.

Spielt es überhaupt eine Rolle, warum ich Summerhill gegründet habe? Wer fragt danach, warum Charlie Chaplin ein großer Komiker oder warum Yehudi Menuhin ein großer Geiger wurde? Warum zurückgehen und nach den Anfängen fragen? Ich blicke lieber vorwärts als zurück.

Worauf führen Sie Erfolg und Versagen ehemaliger Schüler jeweils zurück?

Das ist eine leichte Frage. Für den Erfolg ist die Schule, für das Versagen das Elternhaus verantwortlich. Ein Witz? Vielleicht ist trotzdem etwas Wahres daran.

Wie kommen Sie dazu, Gesetze für die Erziehung aufzustellen?

Diese Frage kommt von einer Lehrerin. Stellt man dadurch, daß man eine Ansicht äußert, schon ein Gesetz auf? Viele meiner Ansichten mögen Mumpitz sein, besonders die über Themen wie Ehe, Religion oder Politik. Nur wenn meine Ansichten etwas mit Kindern zu tun haben, verdienen sie Beachtung; was ich über Kinder schreibe, beruht auf Beobachtung, während ich auf anderen Gebieten theoretisiere. Rousseau hatte großartige Ideen über Erziehung, aber seine eigenen Kinder gab er in ein Waisenhaus. Es ist unmöglich, über Dinge, die man nicht selbst erlebt hat, gut zu schreiben.

Man muß bei seinem Leisten bleiben. Mein Leisten ist die Erziehung, und wenn ich auf diesen Seiten manchmal davon abweiche, so ist das eben menschlich. Von Bernard Shaw wird erzählt, er habe sich beim Besuch einer Schule wegen des Lärms die Ohren zugehalten. Shaw äußerte ein paar scharfsinnige Gedanken über Kindererziehung, aber seine Kenntnisse über Kinder müssen mehr theoretische als praktische gewesen sein. Meine waren vor allem praktisch, und ich möchte hoffen, daß ich in meinem langen Leben als Lehrer Theorien rechtzeitig über Bord geworfen habe, wenn sie sich als falsch erwiesen. Dazu ein Beispiel. In einem meiner Bücher schrieb ich, daß handwerkliche

Arbeiten für Kinder nur einen Reiz hätten, wenn ihre Phantasie dabei mit im Spiele sei, und als Beispiel führte ich an, daß die Jungen Schwerter, Flugzeuge, Gewehre und Boote basteln, aber kein Interesse an meinem Steckenpferd, den gehämmerten Kupfer- und Messingarbeiten, hätten. Ich sagte, ein Aschenbecher könne die Phantasie eines Jungen nicht reizen. Ich sollte nicht recht behalten. Als mein Stiefsohn Peter Wood mit seinem Töpfereiunterricht begann, hatte er seine Werkstatt voll mit eifrigen Töpfern. Ich muß zugeben, daß die kindliche Phantasie sich aus einer Teekanne nicht viel machen kann. So ging eine Theorie den Bach hinab.

In einer Dorfschule pflegte ich die Schüler an schönen Nachmittagen mit in den Garten zu nehmen, wir gruben und pflanzten miteinander, und ich hatte den Eindruck, daß den Kindern die Gartenarbeit Spaß machte. Ich sah nicht ein, daß ihnen die Gartenarbeit nur erfreulich war, weil sie dann nicht im Zimmer sitzen und auf die Wandtafel sehen mußten. In fünfzig Jahren habe ich kein Kind erlebt, das an der Gartenarbeit das geringste Interesse gezeigt hätte. Sie jäten schon mal Unkraut, aber nur gegen Bezahlung.

Ich habe schon davon gesprochen, wie sich die psychologische Behandlung zum großen Teil als unnütz erwiesen hat. Vor vierzig Jahren war ich der Meinung, mit Psychologie könne man fast alle Leiden heilen, und ich nahm Kinder auf, die an den Folgen von Gehirnhautentzündung litten, Kinder mit Geburtsfehlern und mit geistigen Störungen. Ich mußte dann einsehen, daß meine Annahme falsch war, man könne hier mit Freiheit oder mit Psychologie etwas erreichen.

Wie komme ich also dazu, über Kinder zu schreiben? Einfach weil ich versuchen will, andern zu sagen, was für Erfahrungen ich gemacht habe. Ich sehe durchaus meine Grenzen. Es war mir nur selten einmal möglich, einen Bettnässer zu heilen; ich habe nie einen Stotterer geheilt — aber öfter hat die Freiheit den Zustand gebessert.

Die Frage erinnert an die alte Geschichte von der Mutter, die eine Abteilung Soldaten vorbeimarschieren sieht.

„Unser Jockel ist der einzige, der den richtigen Tritt hat."

Ein Mitbeteiligter kann im allgemeinen nur die eine Seite sehen, und das mag sein Gutes haben; wer nämlich für sich beansprucht, beide Seiten zu sehen, kann oft zu keinem Entschluß kommen. Wahrscheinlich geht es manchem Universitätsdozenten — sagen wir der Pädagogik — so. Sein Amt läßt ihm fast keine andere Wahl, als zu sagen: „Ja, aber", wenn er Summerhill überhaupt bespricht. Seine Aufgabe ist es, das Für und Wider zu geben, das ist in seinem Fall ganz richtig. Aber in meinem Fall ist es anders; es ist nicht meine Aufgabe zu sagen, was für den Lehrer des Establishments spricht. Daß einiges für ihn spricht, wird niemand leugnen; Reich pflegte zu sagen: „Jeder hat in gewisser Weise recht", ein Satz, der allerdings nicht leicht auf Hitler anwendbar ist. Innerhalb ihres Bezugssystems sind die Schulen im Recht. Weil ein Lehrer an Disziplin, Charakterformung und die Unterrichtsfächer glaubt, ist damit noch nicht gesagt, daß er ein Narr, ein Dummkopf oder ein Philister ist; er kann viel klüger sein als ich und mich bei einer Diskussion haushoch schlagen. Vielleicht kann er viel schneller kombinieren als ich. Aber wir würden feststellen, daß wir in vielen Dingen miteinander übereinstimmen.

Die BBC wollte, daß Sir Brian Horrocks mit mir über Erziehung diskutiert, wahrscheinlich in der Hoffnung, es werde zu einem spektakulären Zusammenstoß der Ansichten kommen — der rebellische Schulmeister gegen den Armeegeneral mit Public School-Erziehung. Es kam ganz anders; wir stimmten miteinander überein, und was noch wichtiger ist, wir fanden aneinander Gefallen. Ich bin überzeugt, daß ich mich mit dem Rektor von Eton bei einem Glas Bier gut unterhalten würde, wir würden glänzend miteinander auskommen. Man sollte die Probleme nicht persönlich nehmen; man sollte fähig sein, den Nazismus zu hassen, ohne Hitler zu hassen; nachdem ich allerdings einmal miterlebt habe, wie Julius Streicher seinen bestialischen Haß gegen die Juden ausspie, bezweifle ich, ob es möglich gewesen wäre, ihn nicht zu hassen.

Wenn ich gegen das Erziehungssystem predige, bin ich mir immer der Tatsache bewußt, daß die Masse der Lehrer sich mit großer Geduld bemüht, ihre Aufgabe so gut wie möglich zu erfüllen. Anders gesagt: Vielleicht bin ich der Jockel, der als einziger den richtigen Tritt hat, aber auch dann gehöre ich immer noch zum Regiment. Auf die Frage, die man mir manchmal stellt: „Wie können Sie der einzige sein, der recht hat?", weiß ich keine Antwort. Vielleicht habe ich gar nicht recht. Glücklicherweise habe ich da einen blinden Fleck, und wie Nelson kann ich nur mit dem linken Auge sehen. Rechts und links und Mitte sind relative Begriffe, niemand weiß, welche Richtung spätere Generationen einschlagen werden. So laßt uns alle weiter unsere kleinen Fahnen schwenken und uns vorstellen, daß wir Vorläufer auf dem Weg ins Gelobte Land sind. Wenn man aufhört zu träumen, ist man tot.

Ihre Äußerungen klingen manchmal antiamerikanisch. Sind Sie antiamerikanisch eingestellt?

Oje. Es tut mir leid, wenn ich diesen Eindruck erweckt habe. Ebensogut könnte man mir vorwerfen, antienglisch zu sein, wenn ich über die englische Reserviertheit losziehe, den Snobismus, das Klassensystem, die Schulen, den barbarischen Strafvollzug. So gefällt mir auch an den Amerikanern vieles nicht. Ich verabscheue ihre Klasseneinteilung nach dem Dollar, ihre formalistische Erziehung, ihre Rassendiskriminierung und ihre Sucht, alles statistisch zu erfassen. Als ich in Amerika Vorträge hielt, stand immer jemand auf und fragte: „Wieviel Prozent Ihrer Kinder mit neun Jahren sind an Mathematik interessiert? " Wenn einer meiner amerikanischen Schüler nach Hause muß, um eine amerikanische Schule zu besuchen, bekomme ich einen langen Fragebogen, in dem Dutzende von Fragen zu beantworten sind — Interesse, Fleiß, Selbstvertrauen usw. Ich mache einen Strich durch das Ganze und gebe auf der Rückseite des Formulars eine Beurteilung des Kindes in ein paar Zeilen. Aber ist man damit antiamerikanisch? Ich gebe zu, daß mir amerikanische Eltern eher einmal auf die Nerven gehen als englische, das mag zum Teil daran liegen, daß Eltern, die von ihren Kindern fünftausend Kilometer entfernt sind, ängstlicher sind. Außerdem finde ich, daß amerikanische Eltern um die wirtschaftliche Zukunft ihrer Kinder besorgter sind und sich im allgemeinen über sexuelle Dinge wohl mehr ängstigen als englische Eltern. Die Familienbindung, oder vielleicht sollte ich sagen der Druck, den die Familie ausübt, ist in den USA stärker, und das ist ein Grund, warum sich meine einheimischen Schüler anscheinend mehr darauf freuen, in den Ferien nach Hause zu fahren, als ihre amerikanischen Kameraden.

1947 und 1948 hatte ich Vortragsreisen in Amerika. Die für 1950 geplante mußte abgesagt werden, weil ich kein Visum erhielt. War ich ein Kommunist? Nein, nie. Hatte ich etwas zugunsten des Kommunismus geschrieben? Damals vermutete ich, daß sie unser Innenministerium angerufen hatten, um sich nach mir zu erkundigen. Meine Antwort war: „Ich habe etwa siebzehn Bücher geschrieben. Niemals habe ich sie wieder gelesen, aber ich nehme an, daß ich vor dreißig Jahren die russische Erziehung lobte, weil sie auf meinem Weg war — Freiheit und Selbstregierung —, aber heute ist sie auf eurem Weg — Charakterformung —, und damit kann ich nichts anfangen."

Dadurch kann ich in die Geschichte eingehen: ich bin vielleicht der einzige Mann, dem sowohl von Amerika wie von Rußland ein Visum verweigert wurde.

Doch kann einen so ein Zwischenfall nicht antiamerikanisch machen. Ich genoß Gespräche (einseitige) mit den Babbitts in Flugzeugen, Zügen und Bussen; ich mochte die Freundlichkeit der Bewohner von Kleinstädten und Dörfern. Gar nicht sympathisch fand ich den Typ des New Yorker Polizisten mit Kaugummi und Knüppel und seinem „Oh, yeah?"; ebensowenig waren mir die chemisch behandelten Nahrungsmittel sympathisch. Ich verbrachte ein Wochenende bei dem Besitzer einer Hühnerfarm in New Jersey. Er hatte viele Tausende weiße Leghorn. Ich fragte ihn, warum er nicht auch Rhodeländer halte.

„Du lieber Gott, kein New Yorker würde ein braunes Ei kaufen. Sie wollen alles schön weiß."

Aber England hat den gleichen Reinheitsfimmel; es hat weißes Brot, weißen Reis und weißen Zucker; in der Fernsehreklame wird von jedem Waschmittel gesagt, es wasche noch weißer; weißer als was eigentlich? Ich frage mich, ob der Rassenwahnsinn in den USA auf die Idee gegründet ist, daß einer weißer gewaschen ist als der andere. Derjenige, der die Redensart vom schwarzen Schaf der Familie geprägt hat, muß von der Schlechtigkeit des Schwarzen fest überzeugt gewesen sein.

Wie kann man überhaupt gegen eine Rasse oder gegen eine Nation sein? Jede Nation hat ihre guten und schlechten Seiten, hier zu verallgemeinern ist töricht. Nein, ich bin so sehr proamerikanisch, daß ich bedaure, Einladungen zu Vorträgen in Amerika ablehnen zu müssen, weil ich jetzt zu alt dazu bin. Vor einigen Jahren fragte ich bei der amerikanischen Botschaft an, ob mir das Visum immer noch verweigert werde. Ich mußte warten, weil meine Papiere zur Entscheidung nach Washington geschickt wurden. Da merkte ich erst, was für ein gefährlicher Bursche ich war. Washington entschied dann, ich könne jederzeit ein Visum bekommen. Wie kann ich da noch antiamerikanisch sein?

Ich sehe mir oft in der Lewis-Bücherei in Gower Street neue Bücher über Kinderpsychologie und Erziehung an. Summerhill und Ihr Name werden selten erwähnt. Warum wohl? Sind Sie zu radikal?

Die meisten Bücher werden von Mitgliedern von Schulen geschrieben. Wenige Freudianer oder Jungianer würden Summerhill erwähnen, und viele Bücher über Erziehung befassen sich vor allem mit der Lehre, nicht mit dem Leben. Wie viele Bücher über Kindererziehung erwähne ich selber? Wir alle haben unseren eigenen Kopf und gehen unseren eigenen Weg, den andern bleibt es überlassen, ihre Ansichten selbst vorzubringen. Was das Radikalsein betrifft, so bilden wir uns wohl alle ein, radikal zu sein; die bloße Tatsache, daß wir Bücher schreiben, beweist, daß wir glauben, wir hätten den andern etwas Wichtiges zu sagen.

Natürlich ärgert man sich auch. Wenn ich ein neues Buch über progressive Erziehung sehe, werde ich ärgerlich, wenn ich nicht erwähnt bin, aber das ist menschlich. Wir alle suchen Anerkennung, und sei es auch in der Form der Kritik. Ich glaube, es war Arnold Bennett, der einmal sagte, ein Verriß von sechs Zeilen sei ihm lieber als eine ganze Seite Lobhudelei. Wir sind alle Egoisten, auch wenn wir uns selbst gegenüber kritisch sind. Natürlich ist es schmeichelhaft, wenn wir uns einreden, daß wir unserer Zeit zu weit voraus sind, um anerkannt zu werden, und daß wir in hundert Jahren zu unserem Recht kommen werden. Das ist ein angenehmer Wunschtraum, aber ich bin nun zu alt, um daran Gefallen zu finden. Nein, es macht mir eigentlich nichts aus, wenn ich in anderen Büchern nicht erwähnt werde. Was mich wirklich aufregt, sind Plagiate. Da besuchte uns einer einmal längere Zeit und studierte unsere Selbstregierung. Später veröffentlichte er einen ganzseitigen Artikel über die wundervolle Selbstregierung, die er in seiner Schule eingeführt hatte, ohne mit einem Wort zu erwähnen, daß er durch Summerhill auf die Idee gekommen war. Ich übernahm die Selbstregierung von Homer Lane und seinem Little Commonwealth, und ich habe in Büchern und Vorträgen nie vergessen, mich dazu dankbar zu bekennen. Ein guter Plagiator sollte wie ein guter Lügner geschickt genug sein, sich nicht erwischen zu lassen.

Sie sagen oft, daß Sie von Homer Lane viel gelernt haben. Stimmten Sie allen seinen Lehren zu?

Nein. Als Schüler saßen wir zu seinen Füßen und nahmen alles, was er sagte, kritiklos hin. Er pflegte Behauptungen aufzustellen wie zum Beispiel: „Jeder Fußballspieler hat einen Kastrationskomplex", Behauptungen, die man nicht beweisen konnte, und wir schluckten sie brav hinunter. In seinen Seminaren pflegten wir seine Einstellung zur Sexualität zu kritisieren, wir fragten, warum er wegen der Sexualität in seinem Little Commonwealth so besorgt sei. Die Antwort hätte sein müssen, daß er wegen der sozialen Verhältnisse und der Staatsaufsicht den Jugendlichen kein Sexualleben gestatten könne; seine wirklichen Antworten erschienen uns als Scheinbegründungen. Wahrscheinlich kam Lane über den Puritanismus seiner Jugend in New England nie hinaus.

Er vereinfachte die Dinge zu sehr. Als er Jabez ermutigte, Tassen, Untertassen und schließlich seine goldene Uhr zu zertrümmern, warf Jabez den Schürhaken auf den Boden und lief heulend weg. Lane behauptete, dieser Vorfall habe den Jungen von seinen Hemmungen befreit, sie seien auf einmal herausgepurzelt. Das glaube ich nicht. Es gibt keine plötzliche Heilung; jede Heilung braucht viel Zeit. Sicher war Lanes Vorgehen der Beginn einer Heilung, und er hätte es nicht so hinstellen sollen, daß ein einmaliger Eingriff genüge; so haben wir es ihm abgenommen, daß aus Jabez in zehn Minuten ein umgewandelter

Junge wurde. Und wir waren keine Waisenknaben, in unserer Reihe waren Lord Lytton, J. H. Simpson, John Layard, Dr. David, der Bischof von Liverpool. Durch die Bank sahen wir in Lane einen Gott, eine unfehlbare Autorität. Wer David Wills' Biographie über Lane liest, wird erkennen, daß er kein Gott und keine unfehlbare Autorität war. Er war ein Genie mit Intuition, ohne viel Bücherwissen, aber ein Mann, der — mehr als irgend jemand, den ich gekannt habe — die Fähigkeit hatte, Kindern Liebe und Verständnis entgegenzubringen. Seine Methode, gestörte Kinder zu behandeln, war ein Beispiel für alle, die auf diesem Gebiet arbeiten, aber ich fürchte, daß offiziell die entgegengesetzte Richtung eingeschlagen wurde, das Borstal-System setzt sich über die Erkenntnisse der Kinderpsychologie hinweg.

Ob wohl Summerhill seine Zustimmung gefunden hätte, wenn er es noch erlebt hätte? Wer weiß? Vielleicht wäre es ihm zu weltlich gewesen. Ich kann mich nicht daran erinnern, daß er einmal erklärt hätte, er glaube an einen Gott oder er glaube nicht an einen Gott. Lytton sah in ihm einen sehr religiösen Menschen, er behauptete sogar, Lane habe Paulus bewundert. Ich erinnere mich an viele Gelegenheiten, bei denen Lane den heiligen Paulus erwähnte, aber immer geschah es mit unverhohlener Geringschätzung.

Der Mann war ein Rätsel, ein großer Flunkerer — er erzählte uns Geschichten aus seiner Kindheit, die alle erfunden waren —, er liebte alle die guten Dinge des Lebens; kurz, er war ein gewöhnlicher Mensch wie du und ich, aber er hatte etwas, das über das Allzumenschliche hinausgeht, eine Fähigkeit, die Außenseite des Menschen zu durchdringen, man mag es Genie, Intuition oder sonstwie nennen, es ist etwas Ungreifbares und läßt sich nicht nachahmen. Andererseits darf man nicht alles, was er lehrte, unkritisch übernehmen. Glücklicherweise hat jedes Idol tönerne Füße.

In Ihrem Buch ‚The Free Child' schreiben Sie, keine Universität würde Ihnen einen Ehrentitel verleihen. Was sagen Sie jetzt dazu, nachdem Ihnen die Universität Newcastle den Master of Education und Exeter die Ehrendoktorwürde verliehen hat? (Von einem Studenten)

Moral: Man soll nie Prophezeiungen wagen. Meine erste Reaktion war, mich zu fragen: Liegt es an mir? Habe ich mich selbst überlebt, und werde ich zuletzt noch ein Mitglied des Establishments? Dann fragte ich mich: Oder liegt es an Newcastle? Daran, daß es jung und fortschrittlich ist? Ich kam zu dem Schluß, daß das letzte die richtige Erklärung ist. Natürlich war es mir nicht ganz wohl, da ich einsehen mußte, daß ich nicht weiß, was Erziehung ist; ich weiß nur, was nicht

Erziehung ist. Und ich war nie freundlich gegen Universitäten gewesen. In Newcastle sagte der Public Orator:

„Natürlich liegt darin eine gewaltige Ironie, wenn eine akademische Auszeichnung einem Mann verliehen wird, der seinen Spott — der, wie wir zugeben müssen, nicht immer unverdient war — über das Universitätswesen und alle Arten von Bildungsanstalten ausgegossen hat."

Übrigens hatte ich an dem Witz und Humor, mit dem der Public Orator uns alle beschrieb, großes Vergnügen. „Wir müssen Neills Bedauern teilen, daß diese Auszeichnung bedeuten kann, daß er jetzt eine Krawatte tragen muß."

Natürlich freut sich jeder, wenn er anerkannt wird, aber wenn man über achtzig ist, bewegt es einen nicht mehr so wie einen Jüngeren. Das Interessante daran ist, daß ich jetzt respektabel bin; ich habe den Segen einer Universität erhalten. Manche, die meine fünfzig Jahre Summerhill nicht zur Kenntnis genommen hatten, entdeckten plötzlich, ich sei von einiger Bedeutung, aber ich weiß nicht, ob von denen, die gegen die Verleihung des Empire-Ordens an die Beatles waren, auch einige nach Newcastle schrieben und gegen diese Schändung des guten Namens der Universität protestierten. Aber sie hatte ja an den größeren Komiker Charlie Chaplin einen Ehrentitel verliehen.

Ich kenne mich in den Oxbridge-Universitäten nicht aus, aber die Redbrick-Universitäten, die ich gesehen habe, Newcastle und York, scheinen von einem neuen freiheitlichen Geist erfüllt zu sein, den es an den alten Universitäten nicht gibt. Soviel ich weiß, ist die Universität Newcastle so alt wie Oxford oder Cambridge, aber ihre Einstellung ist modern. Die pädagogische Abteilung der Universität York, wo ich auf meinem Weg nach Newcastle einen Vortrag hielt, war wunderbar frei. Ich ließ mir sagen, daß die Studenten zu jeder Zeit nach Hause kommen konnten, wenn sie wollten, morgens um drei. In Newcastle konnte ich mich um diese Dinge nicht kümmern; ich war zu sehr mit dem Anprobieren von Talar und Barett beschäftigt, aber von den Professoren und Dozenten, die ich kennenlernte, hatten die meisten vernünftige Ansichten über Erziehung.

Ob die modernen Universitäten Verbindung mit den Schulen haben, kann ich nicht sagen. Ein Professor der Pädagogik erzählte mir, daß seine Studenten mit guten Ideen und Vorsätzen von der Universität weggehen und sich dann in die Tretmühle von Disziplin, großen Klassen und Stoffhuberei einfügen müssen.

Ich bin von der Frage abgekommen. Die Ehrung hat mich beunruhigt: wahrhaftig, jetzt könnte man mir auch noch einen Adelstitel verleihen, aber da ist mir die Tatsache ein Trost, daß Lehrer selten in der Honours List auftauchen; die armen Teufel kommen nicht einmal ins ‚Who's Who'. Vor langer Zeit schon ist mir klargeworden, wie der Lehrer sozial einzustufen ist. Wenn es damals, als ich Rektor einer Dorfschule war, eine Veranstaltung gab, kam zuerst der Gutsherr, dann der Pfarrer, dann der Doktor. Ich saß zusammen mit dem Obergärtner unten am Tisch. Ein Lehrer ist beinahe ein Gentleman. Meine akademischen Ehrentitel haben mich zuletzt zu einem gemacht. Ich muß mir die Krawatte kaufen.

Haben sich Ihre Ansichten seit den Anfängen Summerhills geändert?

In wesentlichen Dingen nicht. Ich hatte niemals Zweifel an der Selbstregierung und an der Freiheit des Kindes zu lernen, wann es lernen will; ich war auch nie versucht, den Charakter eines Kindes zu formen. Aber die Kinder haben sich auf eine rätselhafte Weise geändert. Vor dreißig Jahren konnte ich die Heilung eines jugendlichen Diebes damit beginnen, daß ich ihm jedesmal, wenn er stahl, fünfzig Pfennig gab, aber ich bezweifle, ob diese Methode heute noch wirken würde. Die Kinder scheinen heute eine Gewieftheit („sophistication") zu haben, die schwer zu fassen ist. Vielleicht haben sie zuviel von den gängigen psychologischen Begriffen gehört, wie das bei vielen amerikanischen Kindern der Fall ist. Vielleicht haben die neuen materiellen Werte sie verändert und zu einer falschen Orientierung geführt. Vor dreißig Jahren war das Leben einfacher. Damals erhielten die Kinder keine teuren Spielzeuge. Heute verlangen die Kinder mehr; die alte Stoffpuppe ist durch die sprechende Puppe ersetzt worden, jedoch freut es mich zu sehen, daß die meisten Mädchen noch das Unterklassenmodell vorziehen. Das Problem ist kompliziert und vielschichtig. Ich habe so das Gefühl, daß es viel mit dem Geld zu tun hat. Als ich vor vierzig Jahren mit dem Autofahren anfing, begegnete ich auf einem Kilometer vielleicht zwei Autos. Heute scheine ich alle zehn Meter zweien zu begegnen. Damals hörte man selten, daß ein Auto gestohlen wurde, heute stehlen Banden von Jugendlichen, die schnell reich werden wollen, viele Autos und begehen Raubüberfälle. Warum soll man für seinen Lebensunterhalt arbeiten, wenn man den ganzen Luxus dadurch bekommen kann, daß man einen andern die Moneten verdienen läßt und ihm dann eine über den Schädel haut, wenn er aus der Bank herauskommt?

Damit will ich nicht sagen, daß die Banden etwas mit meinen Schülern zu tun haben, die alle ordentlich und friedlich sind; ich versuche mir nur klarzumachen, in welcher Weise die Wohlstandsgesellschaft, die Banden in Versuchung führt, auch normale Kinder beeinflußt. Wie in allen Schulen sind es auch in Summerhill nicht immer arme Schüler, die einem Mitschüler die Postanweisung über fünf Mark klauen. Oft ist es ein Junge, der fühlt, daß er zu Hause nicht geliebt wird: er stiehlt symbolisch Liebe; und ich vermute, daß unsere jugendlichen Gangster zu Hause nie viel Liebe erfuhren.

Die ökonomische Seite allein kann jedoch die neue oberflächliche Gewieftheit nicht ganz erklären. Da spielen viele Dinge mit. Zwei Kriege haben so viele scheinheilige Tabus einer patriarchalischen Kultur zerstört. Die Jungen durchschauen jetzt die heuchlerische Moral der älteren Generation. Sie erkennen, daß man sie belogen und betrogen hat. Die Kritik der Jugend von heute ist lauter und herausfordernder als die früherer Generationen. Nicht die Jugend hat die Atombombe gemacht, sondern die Alten. Aber die Jugend weiß, daß sie machtlos ist. Die meisten Ostermarschierer sind junge Leute; viele haben das Gefühl, daß ihr Leben in der Hand von alten Männern liegt – der Politiker, der Militärs, der Nationalisten, der Reichen und Mächtigen. Die Umstände und die Angst haben bewirkt, daß die jungen Leute vor der Zeit erwachsen wurden; auch das ist wahrscheinlich eine Erklärung für die neue Gewieftheit. Noch vor einer Generation nahm die Jugend ihre geringere Stellung hin und unterwarf sich der Herrschaft der Väter. Heute rebelliert die Jugend, allerdings in einer unzulänglichen Weise. Ihre Beatlefrisuren, ihre Lederjacken und Blue jeans, ihre Motorräder sind Symbole ihrer Rebellion, aber es bleibt bei den Symbolen. Fast alle Kinder hassen den Schulunterricht, aber sie wissen, daß sie das System nicht ändern können. In den entscheidenden Dingen ist die Jugend immer noch gefügig, gehorsam und einflußlos: sie stellt die Dinge in Frage, auf die es nicht ankommt – Kleidung, Frisuren, Manieren, und sozusagen durch Enthaltung protestiert sie gegen die Religion, sie geht nämlich nicht in die Kirche, wenn sie nicht dazu gezwungen wird.

Alles Gerede von der Unmoral der Jungendlichen ist Unsinn. Homer Lane pflegte zu sagen, hinter jeder bösen Tat stecke immer ein entstelltes gutes Motiv. Die Jugendlichen sind nicht unmoralischer als wir Erwachsenen. Sie suchen Lebensfreude in einer Zeit, die keine Freude kennt, die nur Bingo kennt, Fernsehen, Fußball und die Sensationspresse. Ihre Ideale sind Reichtum, große Autos und teure Restaurants; sie läßt sich von Filmstars, kurzlebiger Popmusik und von mit der Hüfte wackelnden Sängern bezaubern. Die Jugend sieht sich einer materialistischen Gesellschaft mit einer billigen, banalen Weltanschauung gegenüber, und die Schulen kapseln sich von dem Leben außerhalb der Schule ab und sind so für die Schüler keine Hilfe. Die Bücherkultur wird abgelehnt, und wenn ein Leser sagt, das sei Quatsch, dann möge er die Auflage des *New Statesman* oder des *Observer* mit der Auflage der Boulevardblätter und Illustrierten vergleichen. Die Jugend will unsere Kultur nicht. Wie viele Jugendliche kennen auch nur die Namen von Ibsen, Proust, Strindberg oder Dante?

Ich möchte nicht sagen, daß das schlecht ist. Unsere Bildung und Kultur war statisch, vor allem mit Büchern, Theaterstücken und Ideen beschäftigt; die Jugend von heute strebt jedoch nach Betätigung, Bewegung, Entspannung, so daß man sich fragen muß: Was ist besser, wenn man sich hinsetzt und D. H. Lawrence liest oder wenn man in ein Tanzlokal geht und den ganzen Abend twistet? Wahrscheinlich ist die heutige Vorliebe für bloße Bewegung eine Kompensation für den Mangel an Bewegung, der durch patriarchalische Fesseln erzwungen wurde, Fesseln, die wegen der Reglementierung in der frühen Kindheit, die einer psychologischen Kastration gleichkam, nicht durchschnitten werden können. Wir wundern uns, wenn Hunderte von Mädchen beim Anblick der Beatles, die nicht gerade sehr männlich aussehen, hysterisch kreischen. Warum schreien sie? Kürzlich hat jemand geschrieben, es sei eine Art von Onanie. Vielleicht wäre es richtiger zu sagen, das Schreien sei eine plötzliche Befreiung von dem aufgestauten Haß gegen den langweiligen Unterricht, gegen die ganze Charakterformung und Unterdrückung ihres jungen Lebens. Der Rhythmus ist eine wunderbare Möglichkeit, sich von Spannungen zu befreien. Im Fernsehen sagte vor einiger Zeit ein nigerianischer Psychoanalytiker, in seinem Lande gebe es weder Sexualverbrechen noch Selbstmorde. Als er nach den Gründen gefragt wurde, meinte er, seine Landsleute könnten aufgestaute Emotionen in ihren Stammestänzen loswerden. Popmusik bedeutet Rhythmus, und wenn die Schreienden sexuelle Spannungen loswerden, so geschieht das wohl weitgehend unbewußt.

Ich habe keine befriedigende Antwort auf die Frage gegeben, warum man heute mit einem psychologischen Trick bei einem Dieb wahrscheinlich nichts mehr erreicht; es gibt dafür wohl keine einfache Erklärung. Man könnte sagen, daß die moderne Jugend dahintergekommen ist, daß sich die Psychologie noch im Steinzeitalter befindet und daß ein großer Teil der psychologischen Literatur nur aus Worten besteht. In pessimistischen Augenblicken frage ich mich manchmal, ob die Psychotherapie überhaupt jemals etwas geheilt hat. Die Therapie setzt an der falschen Stelle an. Tausende von Psychotherapeuten haben eine Privatpraxis und behandeln meistens Leute, die das Geld und die Zeit dafür haben. Wenn alle Therapeuten nichts anderes täten, als Eltern in die Kinderpsychologie einzuführen und ihnen vor allem zu sagen, was sie bei der Erziehung nicht tun dürfen, gäbe es bald keine große Nachfrage nach Erwachsenentherapie mehr. Wie viele Psychoanalytiker haben gesagt: „An Erwachsenen herumzukurieren hat nicht viel Wert; ich will mein Leben der Prophylaxe widmen; ich will mit den Müttern und ihren kleinen Kindern anfangen"? Ganz wenige.

Ich habe oft sagen hören, Sie seien anti-intellektualistisch. Stimmt das?

Ach du liebe Zeit. Wie oft habe ich das hören müssen! Man hat immer wieder gesagt, daß ich das Wissen unterschätze und die Wissenschaft verachte. Ich glaube nicht, daß ich das tue, vielmehr stelle ich sie an den richtigen Platz. Für mich ist nämlich Erziehung vor allem eine Sache der Gefühle; nicht daß man versuchen sollte, die Gefühle zu erziehen; man kann nur eine Umgebung schaffen, in der es möglich ist, die Gefühle auszudrücken und auszuleben. Seit langer Zeit sage ich schon, wenn nur die Gefühle frei sind, dann wird der Verstand für sich selbst sorgen. Wissenschaftliche Kenntnisse haben an sich wenig Wert. Ein Dozent oder Professor, der irgendwo Spezialist ist, kann ein sehr langweiliger Mensch sein. Natürlich kann auch ein Bauer langweilig sein, aber von dem erwartet man auch nicht, daß er kluge Dinge sagt.

Ich bin gegen das wissenschaftliche Prüfungswesen, weil es so mancher Begabung den Weg versperrt. Wenn Charlie Chaplin Prüfungen in Englisch, Mathematik, Geschichte und Biologie hätte machen müssen, bevor er zur Bühne ging, wäre das ein unersetzlicher Verlust gewesen. Wie viele Menschen gibt es heute, die Beträchtliches leisten könnten, aber daran durch das akademische Prüfungs- und Zulassungswesen gehindert werden? Ich hatte einmal einen Jungen, aus dem ein großer Mathematiker hätte werden können. Er machte nicht gern Englisch, und seine Kenntnisse in diesem Fach reichten nicht aus, um damals die Aufnahmeprüfung für die Londoner Universität zu bestehen. Leider wurde er bei einem Autounfall getötet, zu einer Zeit, als man noch nicht wußte, was aus ihm werden würde. Und was bedeutet denn ein akademischer Grad? Ich habe mich auf englische Literatur spezialisiert, aber meine Ansichten über Keats, Pater oder Marlowe sind ohne jeden Wert. Ich bilde mir ein, ein bißchen von Kinderpsychologie zu verstehen, aber an der Universität habe ich das nicht studiert.

Hier muß ich von einem Besuch erzählen, den mir kürzlich ein junger Mann machte, der gerade seinen B. A. in Psychologie erworben hatte. Ich fragte ihn: „Hat man Ihnen gesagt, was man mit einem Kind macht, das stiehlt?"

„Du lieber Gott, von solchen Dingen ist nie die Rede, sie erklären einem nur, wie sich dressierte Ratten verhalten", erwiderte er.

Ich liebe eine Geschichte von J. M. Barrie. Als er die Universität Edinburgh verließ, fragte ihn eine Tante, was er werden wolle.

„Schriftsteller."

„Was, du als M. A.!"

Es ist an der Zeit, daß die akademische Bildung in die Schranken gewiesen wird. Es handelt sich um eine Bildung, die von gestern ist.

Warum soll ein B. A. von vornherein etwas Besseres sein als der Mann, der Fernsehapparate macht oder meinetwegen repariert? Als Volk glauben wir offenbar auch nicht, daß Akademiker weiser und klüger als die anderen Leute sind, sonst müßte ein Kabinett aus lauter Professoren bestehen: ein Professor der Geschichte als Außenminister, ein Professor der Mathematik als Finanz- oder Wirtschaftsminister, ein Altphilologe ... nein, der müßte ins Oberhaus zu den Lords gehen. Und was für ein Professor Innenminister werden könnte, weiß ich nicht, vielleicht ein Jurist. Warum nimmt man solche Männer nicht? Möglicherweise, weil die aus Geschäftsleuten zusammengesetzte Regierung während des Ersten Weltkriegs auch keine besonders glückliche Idee war. Wer würde auch einen Professor der Logik um einen Rat fragen? Kurz, was ist der Zweck all dieser akademischen Würdenträger? Auch ihre Vorlesungen sind überholt. In meiner Studentenzeit war Professor Sir James Walker Direktor des chemischen Instituts. Stundenlang konnte er uns zeigen, was passiert, wenn man Zink mit Schwefelsäure zusammenbringt, ein Versuch, den der jüngste Assistent hätte vorführen können. Drei Jahre lang döste ich in den Vorlesungen von Professor Saintsbury und hörte nur halb hin. Er hatte ja so viel geschrieben, wir brauchten nur seine Bücher zu lesen, um die Prüfung zu bestehen. Ich glaube, das Vorlesungssystem ist ein Überbleibsel aus der Zeit vor der Erfindung des Buchdrucks. Professoren sollten keine Vorlesungen halten, sie sollten ihre ganze Zeit der Forschung widmen. Ich hatte beim Studium das Gefühl, daß es unseren Professoren am liebsten war, wenn sie uns nicht sahen, und ich konnte ihnen das nicht einmal übelnehmen.

Schön. Angenommen, ich wäre ein Zauberer und könnte mit meinem Zauberstab alle akademischen Titel auslöschen. Was dann? Wie sollen wir ohne Prüfungen unsere Lehrer, Ärzte, Pfarrer und Beamten auswählen? Einige Prüfungen müssen sein. Ich möchte mir den Blinddarm nicht von dem Mann herausschneiden lassen, der die Patienten in den Operationssaal fährt. Aber warum sollen die Studenten so viel Zeit und Kraft vergeuden?

Zu meiner Zeit mußte an der Universität Edinburgh ein Medizinstudent mit Chemie, Physik, Botanik und Zoologie anfangen, er paukte sich das alles mit Hilfe von Mnemotechnik ein und vergaß es sofort wieder. Wieviel weiß der normale praktische Arzt noch von der ganzen Anatomie, Physiologie, Gerichtsmedizin und Histologie? Gewiß, in irgendeiner Weise müssen unsere Ärzte ja ausgebildet werden. Selbstverständlich wäre es am besten, das ganze System abzuschaffen, aber das ist im Augenblick keine praktische Möglichkeit. Eines Tages bekommen wir vielleicht die Ärzte, die uns sagen, wie man leben muß, damit man gesund bleibt, anstatt uns nur zu sagen, was man gegen Krankheiten tun kann.

Und die Lehrer? Wieder diese Qualifikationen. Persönlich stört es mich nicht, ob ein Lehrer einen Grad hat oder nicht, wenn er nur ein Fach packend zu unterrichten versteht. Ich habe Lehrer mit und ohne Examen gehabt. Unter beiden gab es gute und schlechte. Meiner Ansicht nach ist Unterrichten eine Kunst; man kann es oder kann es nicht, hier zeigt sich allerdings meine Befangenheit hinsichtlich von Lehrerseminaren. Mit neunzehn Jahren wollte ich die Aufnahmeprüfung für ein Lehrerseminar machen. Es waren 104 Bewerber. Am Schluß lag ich auf dem 103. Platz; natürlich habe ich seither keine gute Meinung von Lehrerseminaren.

Es sieht so aus, als gäbe es keine praktische Alternative für das Prüfungssystem. Aber wir könnten doch die Zeugnisse abschaffen. Ein Arbeitgeber möchte keinem mit einem schlechten Zeugnis die Zukunft verbauen; deswegen setze ich, wenn ich nach einem Lehrer inseriere, immer hinzu: keine Zeugnisse. Ich hatte einmal einen Lehrer, den ich gern losgewesen wäre, aber ich war zu feige, ihm zu kündigen. Schließlich bewarb er sich um eine andere Stelle und bat um ein Zeugnis. Ich gab ihm ein glänzendes — nun war er über meine Hochschätzung so erfreut, daß er seine Bewerbung zurückzog. Auch die Geschichte, von dem Mann, der sich um die Stelle des Hausmeisters an einer Schule bewarb, gefällt mir. Sein vorhergehender Arbeitgeber schrieb, er sei allgemein ehrlich. Ein Mitglied der Einstellungskommission wollte wissen, was diese Formulierung bedeutet; er rief den früheren Arbeitgeber an und fragte ihn, was er damit meine.

„Ich benutzte hier das Wort ‚allgemein‘ in seiner normalen Bedeutung ‚nicht besonders‘."

Ist Summerhill eine One-Man-Show?

Das ist eine schwierige Frage. War das Little Commonwealth eine Ein-Mann-Veranstaltung? Oder war Albert Schweitzers Hospital ein Ein-Mann-Betrieb? Wahrscheinlich stand auch bei Eton und Harrow am Anfang ein einzelner, aber dabei ist es nicht lange geblieben. Die Tradition tritt an die Stelle des Gründers. Anders gesagt: Spielt es eine große Rolle, wer an der Spitze einer großen Public School steht? Vermutlich kann kein einzelner Rektor einen grundsätzlichen Wandel herbeiführen, beispielsweise könnte kein Rektor in Eton Koedukation oder Selbstregierung einführen oder auf die Religion verzichten. Jede Organisation erstickt den Erneuerungswillen. Der junge Teufel in der Hölle rief in großer Aufregung nach seinem Meister.

„Meister, Meister! Es ist etwas Schreckliches passiert; auf der Erde haben sie die Wahrheit entdeckt!"

Der Teufel lächelte. „Ist schon gut, Kleiner, ich werde jemand hinaufschicken, der sie organisiert."

Nun, bis jetzt ist Summerhill noch nicht organisiert, und es ist auch noch nicht zur Tradition geworden. Ich kann nicht leugnen, daß Summerhill einmal gleich Neill war, aber ich bin nicht ganz sicher, ob das noch so ist. Heute scheint der Betrieb von selbst zu laufen. Als ich wegen Ischias drei Monate weg war, ging die Schule normal weiter. Hier kann hinzugefügt werden, daß Ena, meine Frau, dazu gehört und daß wir eigentlich ein Zwei-Mann-Betrieb sind. Sie kennt sich nämlich genauso aus und kümmert sich um die Schule genauso wie ich. Und dann sind ja noch die Lehrer da. Wieviel meine Persönlichkeit (ich will hier ein bißchen prahlen), meine Geduld, mein Humor, mein Verzicht auf Getue, meine Weigerung, auf ein Kind einen bestimmten Einfluß auszuüben, wieviel alle diese Eigenschaften mit dem Erfolg der Schule zu tun haben, kann ich nicht sagen. Niemand vermag das zu sagen. Ebensogut könnte man fragen, wie wichtig Homer Lanes Lächeln für seine jungen Übeltäter oder wie wichtig Freuds patriarchalische Überlegenheit für seine engeren Schüler war.

Ich habe etwas gegen die Idee des einen Mannes; es ist doch nicht der Mann, auf den es ankommt, sondern die Idee; deswegen kann ich auch mit Biographien von Ruskin, Carlyle oder Oscar Wilde nicht viel anfangen; sie zeigen die Kleinheit der Betreffenden, die Schwächen, die wir alle haben, und sie sind so unwichtig im Vergleich mit dem Lebenswerk dieser Männer. Der Persönlichkeitskult wurde in Rußland mit Recht verurteilt. Ich kann überhaupt nicht verstehen, warum nicht tausend andere Lehrer ebenfalls Schulen aufmachen, in denen es Freiheit und Glück gibt. Man braucht dazu kein Genie oder ein Übermensch zu sein, man muß nur nicht den Wunsch haben, anderen vorzuschreiben, wie sie leben sollen. Philosophie ist nichts anderes als das Nachdenken über die wichtigen Dinge in unserem Leben, und wenn man das auf die Erziehung anwendet, so sind die wichtigen Dinge das natürliche Wachstum und das Glück der Kinder. Ich verstehe nicht, was für eine Lebensauffassung ein Lehrer hat, der einen Jungen nach Hause schickt, weil er lange Haare hat oder weil er enge Blue jeans trägt, oder ein Mädchen, weil es ein weißes Haarband trägt statt des üblichen schwarzen. Das sind die Lehrer, die die verhängnisvolle Krankheit der Uniformierung verbreiten.

Der Kommunismus sollte die Ein-Mann-Schau beseitigen — und er hat uns Lenin und dann Stalin gebracht. Amerika bescherte uns John Kennedy und L. B. Johnson. Es sieht so aus, als sei der Ein-Mann-Kult ein Ableger der Religion. Die meisten Leute brauchen einen Gott, auf den sie sich verlassen und dem sie folgen können; die meisten Briten brauchen einen Monarchen, vor dem sie sich verbeugen können. Es stellt sich die Frage: Können die Menschen jemals ohne Führer auskommen? Ich bezweifle, ob Summerhill von einem Komitee geleitet werden könnte, denn bei einem Komitee bestimmen die konservativeren Mitglieder das Tempo des Fortschritts.

Ich bin kein Führer. Ich bin Mitglied einer gemeinschaftlichen Regierung. Ich kann hier nur betonen, daß ich Führer aller Art nicht leiden kann. War irgendein großer Mann ein Führer? Auf militärischem Gebiet ja – Cromwell, Wellington, Nelson. Aber auf den anderen Gebieten? Viele haben Reformen durchgesetzt – im Gefängniswesen, in der Erziehung, auf dem Gebiet der sozialen Gerechtigkeit, aber es waren nicht Führer in dem Sinne, in dem Hitler und Mussolini Führer waren. Sie waren Bahnbrecher, keine Führer. Einen Führer würde ich als einen Mann definieren, der vor allem egozentrisch ist und die Macht um ihrer selbst willen sucht. Darwin und Freud waren keine Führer, ihr Werk war in gewisser Weise von ihrer Person getrennt. Winston Churchill war keineswegs deswegen ein Führer, weil er ein starkes Selbstgefühl hatte und ehrgeizig war; er war gerade der richtige Mann im Augenblick der nationalen Not. Man sollte hier auch zwischen nationalen Größen und solchen, die übernational sind, unterscheiden. Die großen Entdecker in den Wissenschaften, in der Psychologie und Medizin sind schließlich viel wichtiger als alle nationalen Führer zusammengenommen. Freuds Name wird höchstwahrscheinlich fortleben, wenn die Namen von Lloyd George und Wilson schon lange vergessen sind.

Um zusammenzufassen: Ich bin kein Führer und möchte keiner sein. Mein Lohn sind weder Lob noch ein Titel noch Anhänger, es ist einfach die Freude und Befriedigung, mit ganzem Herzen und ganzer Kraft etwas zustande gebracht zu haben. Und andere können das gleiche zustande bringen, wenn sie der Versuchung entgehen, Autoritäten zu sein. Vielleicht habe ich einen Vorzug – ich kann über mich selber lachen, und ich bezweifle, ob Adolf Hitler oder Stalin das konnten.

Sind Sie Optimist oder Pessimist?

Die beste Definition des Pessimisten ist wohl: ein Mann, der mit einem Optimisten zusammenlebt. Im Hinblick auf die nächste Zukunft bin ich durchaus nicht optimistisch. Unser Leben liegt in der Hand von Männern, auf die wir keinen Einfluß haben. Kuba hätte der Beginn eines dritten Weltkrieges und unser Untergang sein können, wenn Chruschtschow nicht den Mut gehabt hätte, sein Gesicht zu verlieren. Ich bin pessimistisch, weil Politiker meistens keine großen und weisen

Männer sind; weise und große Männer streben nicht nach Macht. Ich bin pessimistisch, weil es soviel Haß in der Welt gibt, Rassenhaß, nationalistischen Haß und religiösen Haß; man muß sich wirklich fragen, wie einer in dieser verworrenen Welt Optimist sein kann. Natürlich hat auch das Alter viel mit dem Pessimismus zu tun. In seinem Buch ‚*Mind at the End of its Tether*' verzweifelte H. G. Wells an der Zukunft des Menschen. Alte Männer werden traurig, wenn sie auf ihr Leben zurückblicken und sehen, daß die Träume ihrer Jugend nicht in Erfüllung gegangen sind.

Aber ich bin immer Optimist, wenn es um Kinder geht. Ich verzweifle nie an einem Kind, auch wenn es überhaupt keine Fortschritte zu machen scheint. Was mich zur Verzweiflung bringt ist, daß Kinder keine Chance zum Leben erhalten; ihre Liebe zum Leben wird von den Erwachsenen abgetötet, die die Jugend „erziehen", d. h. kastrieren. Gewiß, die Freiheit wird größer, aber es geht viel zu langsam. Die bittere Wahrheit ist, daß das menschliche Denken und Erfinden den unterdrückten Gefühlen weit vorausgeeilt sind. Deswegen wird die Bombe zu einer wirklichen Gefahr; an den Kriegen ist ja nicht das Denken schuld, sondern die Gefühle. Ein Volk gerät außer sich, wenn seine Nationalflagge beleidigt wird. Man denke an den kalten Krieg zwischen Protestanten und Katholiken in Irland. Dann spielt die Habgier eine Rolle – der deutsche „Lebensraum", unsere kolonialen Eroberungen, territoriale Ansprüche. Diese kommen nicht von den Massen, aber die Massen folgen blind ihren Führern. Starben die Männer, die im Burenkrieg fielen, für ihr Vaterland oder für die Gold- und Diamantenhändler? Sie glaubten, für Königin und Vaterland zu sterben.

Ich bin pessimistisch wegen der langsamen Ausbreitung der Freiheit. Bleibt uns noch Zeit, Kinder heranwachsen zu lassen, die emotional frei sind? Frei von Haß und Aggression, frei, ihr Leben zu leben und andere leben zu lassen? Die Bombe ist in der Hand von Männern, die von der Wiege an gegen das Leben erzogen wurden; Menschen, die die Freiheit gehabt hätten, glücklich zu leben, würden keine Bombe brauchen. So drängt sich alles in die Frage zusammen: Kann sich die Menschheit dahin entwickeln, daß sich alle Menschen innerlich frei fühlen, frei von dem gefährlichen Wunsch, andere zu bevormunden?

Wer vermag diese Frage zu beantworten?

Ein Rezensent nannte Sie ein Genie. Sind Sie wirklich eines?

Ich weiß nicht, was das Wort bedeutet. Es kann auf jeden angewendet werden. Hitler ist ein Genie genannt worden, ebenso Napoleon. Bei bestimmten Leuten sind wir alle einverstanden, wenn man sie Genies nennt — Beethoven, Wagner, Goethe, Shakespeare, aber wo liegt hier die Grenze, und wer zieht sie? Ist Ravel ein Genie? Oder Sartre? Oder Hemingway? Ich würde Charlie Chaplin ein Genie nennen, nicht aber Harold Lloyd oder die Marx Brothers. Bei der Anwendung des Begriffs gibt es also einen persönlichen Spielraum. Zum Genie gehört eine besondere angeborene Begabung, die man nicht erklären kann. Genie ist mehr als Talent. Im Augenblick ist Tony Jacklin Golfweltmeister, aber die Millionen normaler Golfspieler könnten zehn Stunden am Tag üben, und sie würden doch nie große Golfspieler. Wo die Grenze zwischen Talent und Genie liegt, vermag ich nicht zu sagen. Der erste Geiger in einem Sinfonieorchester muß sehr gut Violine spielen können, aber er ist noch kein Kreisler oder Yehudi Menuhin.

Das Genie kommt aus dem Unbewußten, aber hier liegt eine Schwierigkeit. Wagner gab uns herrliche Musik, wenn ich jedoch meine geliebten ‚Meistersinger' oder ‚Tristan und Isolde' höre, frage ich mich manchmal, wie ein Mann, der so voll Haß war, diese große Musik schreiben konnte; er war nämlich wie später Hitler ein großer Judenhasser, und er war gemein zu seinen Freunden. Deswegen kann man das Genie nicht einfach dem Unbewußten zuschreiben.

Das Wort sollte den schöpferischen Geistern vorbehalten bleiben, es sollte mehr auf die Entdecker als auf virtuose Darsteller angewendet werden. Pachmann gehörte nicht in die gleiche Klasse wie Chopin, den er so entzückend spielte. Cassius Clay ist ein großer Boxer, aber man würde ihn nicht zu den Genies rechnen. In meiner Jugend verehrte ich H. G. Wells, als ich ihn aber als alten Mann kennenlernte, fand ich, daß er arrogant, aggressiv und eingebildet war.

Um auf die Frage zurückzukommen. Ich bin kein Genie; ich bin nur ein gewöhnlicher Mensch mit einem Glauben an das, was ich tue. Wenn ein Mensch ehrlich ist, kann er nicht eingebildet sein. Ich bin eine Vereinigung all der Menschen, die ich getroffen und gelesen habe, eine Mischung von Freud, Reich, Wells, Shaw, Henry Miller und tausend anderen. Natürlich kam von meinem Ich noch etwas hinzu, und so brachte ich einiges zustande. Auch die Großen borgen von anderen. Shakespeare benutzte alte Stücke und Burns alte Lieder. Dutzende von Dramatikern sind von Ibsen und Strindberg beeinflußt worden; viele Künstler sind von Rembrandt, van Gogh, Cezanne und Picasso inspiriert worden. Kein Mensch ist eine Insel.

Ein Genie? Nein, das ist nur ein Wort. Und dann, viele Genies sind sehr unglückliche Menschen gewesen, viele haben im Wahnsinn geendet. Ich bin schon deshalb kein Genie, weil ich bis jetzt nicht verrückt geworden bin. Reich pflegte zu sagen, daß manche nur deswegen in einer Irrenanstalt sind, weil sie zu gesund sind, um in dieser kranken Welt zu leben. Kann sein.

Der Fragesteller weiß anscheinend nicht, daß mich mehr als ein Rezensent einen Narren genannt hat — einer bezeichnete mich sogar als gemeingefährlichen Verrückten, als einen Kriminellen, der unschuldige Kinder verderbe. Vielleicht kommt das der Wahrheit näher als die Bezeichnung Genie, lieber Fragesteller.

Haben Sie jemals ein Kind von Ihrer Schule verwiesen? Und wenn ja, hatten Sie dann das Gefühl, versagt zu haben?

Ja, in einigen Fällen mußte ich ein Kind nach Hause schicken. Meistens wegen der anderen Kinder. Wir hatten einmal einen vierzehnjährigen Jungen, der die ganze Zeit kleinere Kinder tyrannisierte, so daß sechs heulend zu mir kamen und sagten: „Wenn Jack nach den Ferien noch da ist, möchten wir nicht mehr zurückkommen." Ich konnte einem kranken Jungen nicht eine Gruppe verschreckter Kinder opfern. Als eigenes Versagen habe ich es nicht empfunden, weil die Familienverhältnisse des Jungen so waren, daß eine Heilung fast unmöglich war — die Eltern haßten einander und stritten sich die ganze Zeit, und der Vater schlug den Jungen. Wir wußten, daß der Junge im Laufe der Zeit mit dem Tyrannisieren aufgehört hätte, aber es wäre falsch gewesen, das abzuwarten und die anderen Kinder darunter leiden zu lassen.

Ein anderer kleiner Junge aus einem unglücklichen Elternhaus sagte, er hasse Summerhill und werde so lange Fenster einschlagen, bis ich ihn heimgehen lasse. Bei der Zahl von 32 Fenstern war ich überzeugt, daß es ihm Ernst war, und so schickte ich ihn nach Hause. An dieser Stelle möchte ich die Leser daran erinnern, daß ich wiederholt geschrieben habe, ein Kind, das Heimweh hat, komme fast immer aus einem schlechten, unglücklichen Elternhaus. Der Grund ist nicht ganz klar. Ein zehnjähriger Junge sagte einmal: „Ich möchte zu Hause sein, damit ich meiner Mutter beistehen kann, wenn mein Vater sie schlagen will", aber normalerweise ist sich das Kind seines Heimwehs gar nicht bewußt.

Auch ein zwölfjähriges Mädchen, das schwer gestört war, schickte ich nach Hause. Sie steckte beinahe die Schule in Brand und ging mit dem Hammer auf andere Kinder los.

Einer Sechzehnjährigen gab ich zu verstehen, daß sie lange genug in Summerhill gewesen sei und jetzt ins Leben hinaus solle; die Schule diente ihr nämlich als Schlupfwinkel, in den sie sich verkroch, um dem Leben aus dem Wege zu gehen. Aber dieser Fall kommt selten vor. Einmal handelte es sich um ein Mädchen, das einen reichen, dummen Vater hatte, der zu ihr sagte: „Du brauchst in der Schule nichts zu lernen, ich werde dir einmal genug hinterlassen, daß du fürstlich leben kannst." Als sie achtzehn war, hatte er sein ganzes Geld verloren. Es ist immer gefährlich, einem Kind zu sagen, daß es Geld erben wird, wenn es einundzwanzig ist.

In jedem Fall, in dem ich ein Kind wegschickte, habe ich dafür gesorgt, daß es nicht in eine Schule kam, wo es Angst haben mußte.

Wie denken Sie über die Landung auf dem Mond?

Für diese Frage bin ich als Erzieher nicht zuständig. In meinen Augen lohnt es sich nicht. Dafür Millionen Dollar auszugeben, solange der größte Teil der Menschheit Hunger leidet, scheint mir ein Verbrechen gegen die Humanität zu sein. Ein führender Amerikaner sagte freilich, dieses Geld wäre auch sonst nicht den Armen zugute gekommen. War es ein wissenschaftliches oder nur ein kindisches Unternehmen? „Hei, wir wollen es den Russen zeigen." Vielleicht waren es auch wichtigere Dinge, vielleicht stand ein strategisches Ziel dahinter. Meine Ansichten über die Raumfahrt sind jedenfalls ganz unbedeutend.

Ihr Buch über antiautoritäre Erziehung ist in Deutschland ein Bestseller, ebenso wie in den USA. Wir Engländer sahen in den Deutschen immer ein Volk von Schafen, die auf Befehle von oben warten. Wie erklären Sie sich den großen Erfolg des Buches?

Eine schwierige Frage, liegt es doch über fünfzig Jahre zurück, daß ich in Deutschland gelebt habe, und die heutige deutsche Erziehung kenne ich nicht. Ich habe die Deutschen nie für Schafe gehalten, obgleich sie sich später ja einem Führer anvertrauten. Es gibt in allen Ländern und Religionen Führer, es gibt den Papst und Billy Graham. Wahrscheinlich kaufen vor allem junge Leute das Buch, weil sie mit der Jugend anderer Länder das gemeinsam haben, daß sie nicht länger der Weisheit und Autorität der Alten vertrauen. Nach dem, was ich von deutschen Besuchern höre, ist das Erziehungssystem dort so schlecht wie überall, alles beschränkt sich auf Bücherwissen und Disziplin, auf Erziehung des Kopfes, die die Gefühle anderen Einflüssen überläßt, dem banalen Fernsehen, den Sensationsblättern, den Lügen der Reklame und der Politiker. Die deutsche Jugend ist auf der Suche nach etwas Tieferem, etwas Besserem. Ich kriege jetzt viel Post aus Deutschland, und fast alle Briefe enthalten Klagen über die tödliche Langeweile der Schulen und der Lehrer. Aber es hat etwas Komisches, wenn ein Mann von siebenundachtzig Jahren Zwanzigjährige über die Freiheit aufklärt.

Ich fürchte, es hat sich seit 1921 nicht viel geändert, als der Leiter der deutschen Abteilung in unserer Internationalen Schule jeden Elternabend mit den Worten begann: „Hier wird gearbeitet." Ich konnte ihn nicht dazu bringen, statt dessen zu sagen: „Hier wird gespielt." Wahrscheinlich ist die deutsche Erziehung nicht besser und nicht schlechter als die aller anderen Länder.

Summerhill

A. S. Neill

Theorie und Praxis
der antiautoritären Erziehung
Das Beispiel Summerhill
338 Seiten. Geb. und Taschenbuchausgabe:
rororo sachbuch 6707/08

Das Prinzip Summerhill:
Fragen und Antworten
Argumente, Erfahrungen, Ratschläge
rororo sachbuch 6690

Summerhill: Pro und Contra
15 Ansichten zu A. S. Neills Theorie und Praxis
rororo sachbuch 6704/05

Joshua Popenoe
Schüler in Summerhill
112 Seiten mit 53 Fotos. Großformat. Geb.

Rowohlt

**PROF. DR. DR.
HORST-EBERHARD RICHTER**

Patient Familie
Entstehung, Struktur und Therapie von Konflikten in Ehe und Familie

Eine grundlegende und umfassende Darstellung der Familientherapie auf der Basis der Psychoanalyse. Das Buch des Direktors der Psychosomatischen Klinik der Universität Gießen und Autors des Standardwerkes «Eltern, Kind und Neurose» ist mit voller Absicht für einen weiten Leserkreis geschrieben. Es liefert anhand von Therapiebeispielen Informationen über Familienneurosen, die in unglücklichen Ehen, qualvollen Familienverhältnissen, Schulversagen, Depressionen und körperlichen Leiden ihren Ausdruck finden können.
256 Seiten · Geb.

Eltern, Kind und Neurose
Die Rolle des Kindes in der Familie

Welche Kindheitserlebnisse sind es, die zu seelischen Erkrankungen und zu Störungen der Charakterentwicklung führen? In welchem Ausmaß und in welcher Weise können die Eltern kindliche Fehlreaktionen hervorrufen? Und umgekehrt: Können Eltern durch erzieherische Maßnahmen die Entstehung von Neurosen bei ihren Kindern verhüten?
rororo ratgeber 6082/83

ROWOHLT

schüler in summerhill
von joshua popenoe rowohlt

Der sensationelle Taschenbucherfolg von «Theorie und Praxis der antiautoritären Erziehung» [600 000 Exemplare in 12 Monaten] hat A. S. Neill und seine Schule Summerhill bei uns ins Bewußtsein der Öffentlichkeit gerückt. Die Vorstellung, die wir uns bisher bei der Neill-Lektüre von dieser ersten freien Schule gebildet haben, blieb jedoch noch ohne konkrete Anschauung davon, wie es in Summerhill heute aussieht. Joshua Popenoe, 17 Jahre und selbst Summerhill-Schüler, berichtet mit eigenen Fotos und überaus lebendig vom Leben in dieser Gemeinschaft ohne Zwang. Neills revolutionäres Erziehungskonzept hält dem kritischen Blick des Schülers stand. Summerhlil ist kein Ort anarchischer Freiheit, jeder hat die Chance, sich selbst zu verwirklichen in einer Gemeinschaft, die ihre Vorschriften und Regeln selbst bestimmt.

Aus dem Amerikanischen von Doris Maisch
15. Tausend. 112 Seiten mit 53 Fotos Großformat. Br.